Laszlo Trankovits

111 Orte
in Jerusalem,
die man gesehen
haben muss

W0040347

emons:

Bibliografische Information der Deutschen Nationalbibliothek
Die Deutsche Nationalbibliothek verzeichnet diese Publikation
in der Deutschen Nationalbibliografie; detaillierte bibliografische
Daten sind im Internet über http://dnb.d-nb.de abrufbar.

© Emons Verlag GmbH
Alle Rechte vorbehalten
© der Fotografien: Laszlo Trankovits, außer:
Ort 1 oben: Anatoly Shenfeld, unten: Sandra Kaufman;
Ort 16: Mikaela Burstow; Ort 27: Ricki Rachman; Ort 28: Ulrich Sahm;
Ort 35: Igor Favorov; Ort 37: Yonatan Swed; Ort 38: Glen Whisky Bar;
Ort 40: Gush Katuf Museum; Ort 41: Dana Decktor;
Ort 48: shutterstock.com/Alon Adika; Ort 52: shutterstock.com/
Phish Photography; Ort 71: Oriya Tadmor; Ort 74: Notre Dame Center;
Ort 77, 91: Israel Museum, Elie Posner; Ort 84: shutterstock.com/salajean;
Ort 86, 87: shutterstock.com/Jose HERNANDEZ Camera 51;
Ort 88: shutterstock.com/mikhail; Ort 92: Moshe Menagen;
Ort 95: Ivan Tihienko; Ort 104: Amir Balaban
© Covermotiv: shutterstock.com/Shahril KHMD
Layout: Eva Kraskes, nach einem Konzept
von Lübbeke | Naumann | Thoben
Kartografie: altancicek.design, www.altancicek.de
Kartenbasisinformationen aus Openstreetmap,
© OpenStreetMap-Mitwirkende, ODbL
Druck und Bindung: CPI – Clausen & Bosse, Leck
Printed in Germany 2018
ISBN 978-3-7408-0390-2
Originalausgabe

Unser Newsletter informiert Sie
regelmäßig über Neues von emons:
Kostenlos bestellen unter
www.emons-verlag.de

Vorwort

Jerusalem ist einzigartig, unvergleichlich. Seit 3.000 Jahren um-
kämpft, zerstört, aufgebaut. Ein Ende der dramatischen Geschichte
ist nicht in Sicht. Kein Flecken der Erde ist bedeutender als diese
relativ kleine Stadt in den Bergen Judäas. Für Milliarden Christen
ist es der Ort der Kreuzigung und Auferstehung Jesu, für Milliarden
Muslime die Stätte, wo Mohammed zum Himmel aufstieg. Für die
15 Millionen Juden weltweit aber ist Jerusalem der Mittelpunkt ihrer
Geschichte und ihrer Religion. Israelis wie Palästinenser beanspru-
chen Jerusalem als ihre Hauptstadt.

    Jerusalem galt lange als Mittelpunkt der Welt, als Schnittstelle
zwischen Himmel und der Erde. Hier ist der Ort biblischer Prophe-
zeiungen und Wunder, historischer Intrigen und Verbrechen. Die
Stadt war die große Bühne für Könige, Eroberer, Propheten und Heilige. Legenden und Geheimnisse ranken sich um die Paläste, Ruinen, Tempel, Gotteshäuser und Gräber. Uralte Traditionen, Gebote
und Riten gehören hier zum Alltag. In manchen Vierteln herrschen
noch alttestamentarische Gesetze, andere Stadtteile gleichen Schtetl
Osteuropas, mancherorts gilt noch das osmanische Recht. Minder-
heiten wie Drusen oder Samaritaner, aber auch obskure Sekten und
Weltverbesserer haben sich in ihren Vierteln und Nischen eine jeweils eigene Welt geschaffen.

    Jerusalem ist aber auch eine moderne Metropole mit kühner
Architektur und turbulenten Märkten, mit Dutzenden von ambitionierten Bühnen und 80 teilweise spektakulären Museen, mit ungewöhnlichen Restaurants, Kneipen und Bars. Die Stadt ist eine
Hochburg von Kultur und Wissenschaft, ein internationaler Ma-
gnet für Forscher, Künstler und Literaten. Jerusalem war wohl nie
prachtvoller, strahlender und vielfältiger als heute. Mit unglaublich
vielen Milliarden Dollar wurde hier gebaut und ausgegraben, restauriert und verschönert. Für den Besucher eröffnet sich ein Paradies
für Entdeckungen.

111 Orte

1 Das »AManTO Eart«

Experimenteller Tanz und Brücke nach Japan

Das Café und Kulturzentrum befindet sich im pittoresken Viertel Nahlaot mit seinen gewundenen Gassen, kleinen Plätzen, versteckten Innenhöfen und vielen Synagogen. Das Projekt passt nicht zur orthodoxen Nachbarschaft, für die es schon ein Sakrileg ist, dass Veranstaltungen mit experimentellem Tanz oft am Schabbat stattfinden. Glücklicherweise dämpfen dicke Mauern des 150-jährigen Hauses alle Töne.

Schöpferin des Zentrums ist Yuko Imazaike. Sie verkauft hier Fair-Trade-Waren und Naturprodukte aus Israel und den Palästinensergebieten, organisiert Flohmärkte, Tanz-, Sushi- und Arabisch-Kurse sowie Kunstprojekte aller Art. Die 1984 geborene Japanerin wurde nach dem Besuch einer Ballettschule Mitglied eines Tanzensembles, mit dem sie weltweit auftrat. Nach einem Engagement in Israel war sie so vom Land fasziniert, dass sie entschied zu bleiben.

Neben Bühnen- und Fernsehauftritten entwickelte sie ihr ambitioniertes Projekt: die Kunst als Verbindung zu allen Aspekten des Lebens. Ihr Haus soll zen-buddhistischer Salon, modernes Tanztheater, alternativer Kramladen, originelle Fortbildungsstätte und ein Gästehaus sein – eines der Betten befindet sich auf der Empore über dem Bühnenraum. Zudem sucht sie in der »Stadt des Himmels« für Juden, Christen und Muslime den kulturellen Brückenschlag zu Japan, wo die Menschen sich traditionell nach spiritueller, irdischer Harmonie sehnen. Auch im Namen drückt sich die kulturelle Grenzüberschreitung aus. »AManTO« bezieht sich auf den japanischen Avantgarde-Tänzer Jun Amanto. »EART« ist eine englische Wortschöpfung aus Herz, Kunst und Erde. Die Künstlerin verspricht: »Jeder, der AManTO besucht, wird eine himmlische Person.« Irdisch und ökologisch aber sind ihre Angebote. Bei den vegetarischen Sushi-Kursen werden nur Lebensmittel benutzt, die von Märkten wegen kleiner Mängel nicht mehr verkauft wurden.

Adresse »AManTO Eart«, Yosef Haim 21, Nahlaot, Jerusalem 9452424, Tel. 052/8839577, www.amantoeartjerusalem.com | ÖPNV Bus 7, 19, Haltestelle Bezalel / Nissim Bear; Bus 25, 32, 45, 66, 74, 75, 78, Haltestelle Mahane Yehuda Market / Agripas | Öffnungs-zeiten Café / Salon So–Do 12–22 Uhr, Fr 12–16 Uhr, Sa 19–22 Uhr | Tipp Die Synagoge von Ades wird wegen ihrer Schönheit gerühmt. Die Innenräume des 1901 von syrischen Einwanderern gebauten Gotteshauses sind mit wertvollen Bildern, Schnitzereien und Mosaiken geschmückt. Besuche sind nach telefonischer Absprache möglich (Beersheba Street 1, Ecke Shilo Street, Tel. 050/5548376).

2 Die Aqua Bella

Ruinen der Kreuzfahrer-Festung in Parkidylle

Die Ruinen der ehemaligen Kreuzfahrer-Burg liegen in einer hügeligen Parkidylle mit kleinen Quellen, einem Flüsschen, gepflegten Gärten, vielen Granatäpfel-, Feigen- und Olivenbäumen sowie großen Eichen. Wegen ihrer Schönheit benannten die Kreuzfahrer die im 12. Jahrhundert erbaute Festung »Schönes Wasser« (lateinisch: »Aqua Bella«). Auf Arabisch hieß sie Deir al Benat (Kloster der Töchter). Allerdings war dieser beschauliche Ort im Nationalpark En Hemed, heute ein beliebtes Ausflugsziel der Jerusalemer, nur recht kurz in Betrieb und im Besitz des Johanniterordens.

Dieser hatte 1168 – nach dem siegreichen ersten Kreuzzug – die festungsartigen Gebäude von einem arabischen Lokalherrn erworben. Die Johanniter hatten sich nicht lange davor erst als Kreuzfahrerorden in Jerusalem gegründet. Historiker sind sich nicht ganz einig, ob Aqua Bella einem Beauftragten des Ordens zur Steuereintreibung und dem Schutz der Jerusalem-Pilger diente oder aber auch – zumindest zeitweise – als ein Nonnenkloster.

Die kleine, 30 mal 40 Meter große Burg hatte dicke, bis zu zwölf Meter hohe Außenmauern und war von einem Wassergraben umgeben. Sie bestand aus zwei unabhängigen Hofburgen mit unterschiedlichen Höhen, sodass bei dem Verlust des niedrigeren Teils die Verteidiger beim Rückzug in der höheren Fluchtburg Vorteile hatten. Aqua Bella war daher auch eine der letzten Festungen der Christen im Heiligen Land, die den Muslimen in die Hände fiel. Erfolgreich war Sultan Saladin erst, als er 1187 einen Tunnel unter den Außenmauern graben ließ.

In den sorgsam restaurierten Ruinen sind heute noch immer das alte Herrenhaus und die Gewölberäume, in denen Vieh und Getreidevorräte gelagert wurden, gut erkennbar. Auf dem Gelände der Festung befinden sich seit 1994 Skulpturen von Yigal Tomarkin, mit denen versucht wird, moderne Kunst und Archäologie zu verbinden.

Adresse En Hemed Nationalpark, Jerusalem 9195000, Tel. 02/5342741 | **Anfahrt** Nationalstraße 1 Richtung Tel Aviv, Abfahrt En Hemed, Ziel fast direkt an der Schnellstraße, der Beschilderung folgen | **Öffnungszeiten** Sommer: Sa–Do 8–17 Uhr, Fr 9–16 Uhr, Winter: Sa–Do 8–16 Uhr, Fr 8–15 Uhr | **Tipp** Die weiße Kirche »Notre Dame de l'Arche d'Alliance« in Abu Gosh wurde 1924 an einem Berghang auf dem Gelände einer byzantinischen Kirche aus dem 5. Jahrhundert erbaut. Reste des Mosaikbodens sind noch zu sehen. Am berühmtesten ist die Marienstatue auf dem Dach.

3 Die armenische Bar

Drinks im 1.000 Jahre alten Kreuzfahrer-Kloster

Die »Armenian Tavern«, ein Kellerlokal mitten im armenischen Viertel zwischen Jaffa-Tor und der Dormitio-Abtei, ist mit seinen antiken, reich verzierten Möbeln, Keramiken und Vasen, den prächtigen Ölgemälden, Spiegeln und Kronleuchtern sowie den kostbaren alten Schmuckstücken in Vitrinen fast schon so etwas wie ein kleines Museum. Allerdings mit einem bemerkenswerten Angebot armenischer Küchen-Spezialitäten – wie dem »Lachmanjun«, einer Art armenischer Pizza – und einer gut gefüllten Bar, natürlich auch mit armenischen Likören. In einer Vitrine befinden sich seltene Arak-Köstlichkeiten, allerdings kann man nicht alle diese Anis-Schnäpse auch bestellen.

Die Familie Aslanian musste Anfang der 90er Jahre mit Verwaltung und Behörden manchen Strauß ausfechten, bis sie in den Gewölben eines 1.000 Jahre alten Kreuzfahrer-Klosters ihr Lokal eröffnen durfte. Für die Einrichtung kaufte sie armenische Antiquitäten und Kunstwerke in der halben Welt auf, um einen tatsächlich einmaligen Ort zu schaffen. An der Bar und im Restaurant finden sich häufig auch Honoratioren und Geistliche der armenischen (christlichen) Gemeinde, die schon vor 16 Jahrhunderten in Jerusalem Fuß fasste. Viele der Christen flohen beim Völkermord an den Armeniern 1917 aus der Türkei nach Jerusalem.

Die frühe Anwesenheit der Armenisch Apostolischen Kirche ist auch ein Grund, warum sie zu den drei christlichen Kirchen zählt, die für einen Teil der Grabeskirche, des wichtigsten christlichen Sakralbaus in der Heiligen Stadt, die Verantwortung tragen. Allerdings gelten die Armenier in Jerusalem als eher verschlossen, nicht zuletzt, weil das Trauma des türkischen Völkermords an den Armeniern vor über 100 Jahren hier besonders lebendig ist. Davon ist in der Taverne kaum etwas zu spüren – sie bietet dem Besucher die Chance, Gastfreundschaft, Spezialitäten und Lebensfreude der Armenier zu genießen.

Adresse Armenian Patriarchate Road 79, Jerusalem 9191141, Tel. 02/6273854 | **Anfahrt** vom Jaffa-Tor zu Fuß erste Straße rechts am Davidsturm vorbei, Treppen nach unten (nicht behindertengerecht) | **Öffnungszeiten** Di–So 11–22.30 Uhr | **Tipp** Das »Eduard-und-Helen-Mardigian-Museum« zeigt eine reiche Sammlung von Artefakten wie liturgischen Gegenständen, Fresken und Schriften zur Geschichte und Kultur des armenischen Volkes. Das Museum befindet sich in einem reizvollen Bau mit einem von Portiken gesäumten Zentralhof (täglich 9.30–16.30 Uhr, Armenian Patriarchate Road 79, Tel. 02/6273854).

4 Der Armon-Hanatziv-Weg
Blick auf 3.000 Jahre Geschichte

Es gibt viele Orte, von denen aus man von hoch oben auf Jerusalem schauen kann – aber nur von der Armon-Hanatziv-Promenade fällt der Blick nicht nur auf die Altstadt oder einen Stadtteil. Das Panorama reicht von den modernen Vororten, den historischen Stätten der Altstadt und des Ölbergs bis hin zur Hebräischen Universität auf dem Skopus-Berg, zu arabischen Dörfern, der judäischen Wüste und an klaren Tagen sogar bis zu den Bergen am Toten Meer. Die Promenade im Stadtteil Talpiot ist nach dem hebräischen Namen für die frühere Residenz des britischen Hochkommissars benannt. Heute befindet sich hier das Hauptquartier der Vereinten Nationen.

Die etwa zwei Kilometer lange Promenade auf der Hügelkette südlich der Altstadt wird bei Dunkelheit mit vielen Lampen beleuchtet, deren Design der Illumination des King David Hotels und des YMCA-Gebäudes entspricht. Gerade bei Sonnenuntergang eröffnet sich ein atemberaubender Blick auf die Kuppeln, Türme und Mauern der Altstadt. Der Weg, beliebt auch bei Joggern und Segway-Fahrern, verfügt über zahlreiche Aussichtsterrassen und besteht aus drei Teilen. Die Haas-Promenade, die teilweise einer gepflegten Parkanlage gleicht, führt auch an modernen, mit Rundbögen verzierten Gebäuden vorbei, die architektonisch antike Stilelemente der alten Wasserleitung nach Jerusalem aufgreifen.

Stufen prägen den hügeligen Spazierweg der Sherover-Promenade, auf der man alte Grabsteine und Ruinen eines Aquädukts sehen kann. Es geht auch an den dicken Mauern des Klosters der »Armen Klarissinnen« vorbei, eines strengen Ordens, dessen Nonnen besonders wortkarg und weltabgewandt sind und ihren Konvent selten verlassen. Am Ende des Wegs befindet sich ein beschaulicher großer Obstgarten mit Granatäpfel- und Feigenbäumen. Der jüngste und dritte Teil des Spazierwegs ist die Goldman-Promenade, auf der man an manchen Stellen einen wunderbaren Blick auf die Altstadt hat.

Adresse Daniel Yanofsky Street, Jerusalem 9381306 | **ÖPNV** Bus 12, 78, 107, Haltestelle Daniel Yanofsky Street/HaAskan Street | **Tipp** Abu Tor, wenige Kilometer entfernt, ist eines der wenigen Viertel in Jerusalem mit einer gemischten arabischen und jüdischen Bevölkerung. Es gibt viele Restaurants, Cafés und Galerien sowie mehrere Kinos, in denen auch am Schabbat Filmvorführungen stattfinden.

5 Das Auto-Hotel Avital

Schlafen in einem Oldsmobile

Das Zwei-Sterne-Hotel mit nur zwölf Zimmern ist eher unscheinbar, die Zimmer sind freundlich und für ein kleines, einfaches Hotel komfortabel eingerichtet. Aber für Besucher Jerusalems, die Autos und ihre Geschichte lieben, gilt das »Avital« in dem schmalen, vierstöckigen Gebäude als Geheimtipp. Denn wo kann man schon in einem Bett schlafen, dessen Gerüst aus einem Lincoln-Oldtimer besteht? Oder mit einem profunden Kenner und Sammler historischer Auto-Modelle fachsimpeln, der hin und wieder auch seinen knallgelben Maserati-Sportwagen oder einen Oldtimer erfolgreich als Blickfang und Werbung auf den Bürgersteig vor der Herberge stellt?

In unmittelbarer Nähe des malerischen Mahane-Yehuda-Marktes verwirklichte 1992 Nitzan Avital seinen Traum von einem gastfreundlichen Apartmenthotel mit familiärer Atmosphäre, das gleichzeitig seinem großen Hobby Auto gewidmet ist. Über 400 Automodelle aus aller Welt finden sich in den Schaufenstern und Vitrinen der kleinen Hotellobby, die gleichzeitig Rezeption und Frühstücksraum ist. Manche der kleinen Oldtimer, wie die Modelle eines Ford T-Tourer 1912 oder eines Reo Touring 1917, kosteten bei Versteigerungen mehrere hundert Euro. Im Frühstücksraum, der tagsüber als Café genutzt wird, liegen internationale Oldtimer-Fachzeitschriften auch für interessierte Gäste aus.

Das inzwischen von den Söhnen Ziv und Izkik geführte Haus erlangte aber nicht nur wegen der teilweise kostbaren Oldtimer-Modelle Berühmtheit in Israel. Weil Nitzan in zwei Büchern seinen verbissenen, schweren und letztendlich erfolgreichen Kampf gegen den Krebs schilderte, wurde er für viele Israelis ein Vorbild und eine Ermutigung. 2012 erhielt der gebürtige Pole, der in sozialen Netzwerken eine treue Anhängerschaft hat, den Bürgerpreis der Stadt Jerusalem für sein Lebenswerk. Auch Israels Ministerpräsident Benjamin Netanjahu empfing Avital.

Adresse Jaffa Street 141, Jerusalem 9434241, Tel. 02/6243706, www.avitalhotel.co.il | **ÖPNV** Straßenbahn, Haltestelle Mahane Yehuda | **Tipp** Das Restaurant Machneyuda, eines der besten und spektakulärsten Restaurants der Stadt, wird wegen seiner anspruchsvollen Cross-over-Küche zu entsprechenden Preisen, aber noch mehr wegen der Atmosphäre hochgelobt. Köche und Bedienung singen oft lauthals israelische Lieder oder populäre Hits, dann wird auch mal auf den Tischen getanzt (Beit Ya'akov Street 10, Tel. 02/5333442, So–Do 12.30–24 Uhr, 16–18.30 Uhr geschlossen, Fr 11.30–15 Uhr, Sa 18.30–24 Uhr).

6 Die Baidun-Galerie

Archäologische Funde legal kaufen

Jeder kennt im Shuk, im Basar der Altstadt, die Filialen der Baidun-Galerie in der Via Dolorosa. Nur wenige wissen, dass Khader M. Baidun, derzeit Oberhaupt der alteingesessenen Artefakten-Händlerfamilie, Werkstatt und Lager gleich um die Ecke hat. Fragt man in den Filialen nach, wird man meistens gern dorthin dirigiert.

Die archäologischen Schätze, die sich hier aufgetürmt finden, scheint es in der Heiligen Stadt in enormen Mengen zu geben. In zahlreichen Läden und Geschäften Jerusalems werden römische Münzen, griechische Vasen, phönizische Armreifen, israelitische Tongefäße oder persische Dolche als Antiquitäten angeboten. Ein gesundes Misstrauen über die Echtheit der Stücke ist angebracht, vor allem aber die Prüfung, ob es Papiere zur legalen Ausfuhr der Stücke gibt. Nicht selten stammen der Schmuck, die Keramik-Gefäße, die Gläser oder Speerspitzen aus Raubgrabungen, deren Erwerb und Ausfuhr streng bestraft werden.

Die Familie Baidun, die seit über 90 Jahren im Antikenhandel tätig ist, hat eine staatliche Lizenz und genießt einen guten Ruf, wenngleich auch sie schon im Visier der israelischen Antikenbehörde war. Wer aber über eine derart große Menge an altertümlichen Stücken, angefangen aus der Zeit der Kanaanäer, Israelis und Mesopotamier bis hin zu den Byzantinern und Osmanen, besitzt wie die Baiduns, hat zuweilen Schwierigkeiten, die Herkunft der Objekte nachzuweisen. Einen Eindruck davon bekommt man bei einem Besuch des Baidun-Anwesens mit seinem pittoresken Innenhof.

Wenn man Glück hat, lädt Khadar Baidun zu einem Gläschen Tee ein, erzählt von prominenten Kunden wie einst dem israelischen Kriegshelden Moshe Dayan oder Abgesandten des Vatikans und erlaubt schließlich einen Blick in die überquellenden, teilweise kaum sortierten Lager des Antikenhändlers. Alle Artefakte zusammen seien mindestens 100 Millionen US-Dollar wert, meint der Inhaber.

Adresse Via Dolorosa 19, 20, 28, Jerusalem 91440, Tel. 054/7371066, www.baidun.com | **Anfahrt** kürzester Zugang vom Damaskus-Tor aus, die El Wad Street entlang, dann links zur Via Dolorosa | **Öffnungszeiten** Mo–So 10–18 Uhr | **Tipp** Der »Holy Sepulchre Store« ist ein Geschäft im christlichen Viertel mit einer reichen Fülle an religiösen Artikeln für die griechisch-orthodoxe Gemeinde. Hier gibt es kostbare alte Ikonen und exklusiven Schmuck, allerdings sieht Besitzer Nicolas Elias Touristen ohne jedes Kaufinteresse nur ungern in seinem edlen Laden (Christian Quarter Road 49).

7 Das Beit Alliance

Kulturzentrum und Geheimtipp für Partys

Das »Allianz-Haus«, früher einmal Schule und zeitweise Flüchtlingsunterkunft, ist eines der historischen Gebäude Jerusalems, das zum Kulturzentrum geworden ist. In dem klobigen Bau aus dem Jahr 1880 neben dem Mahane-Yehuda-Markt wird gearbeitet, debattiert und gefeiert. Filmemacher, Musiker, Designer oder Tänzer finden hier Workshops, aber auch Laien, Besucher und Touristen sind als Gäste willkommen, Vorträge und Kurse finden oft auf Englisch statt.

Beit Alliance ist vor allem ein spannender, umtriebiger Ort für junge Kreative. Schriftsteller, Bildhauer, Modemacher, Musiker und Multimedia-Künstler haben hier Ateliers. Auch kleine Hightech-Start-ups und eine Tanzgruppe sind Mieter. Ausstellungen zeigen die Werke der Alliance-Künstler. Für Aufführungen und Konzerte gibt es neben einem Saal auch den großen Innenhof. Einen legendären Ruf als besonders wilde, aufregende Nächte haben die Alliance-Partys, die oft am Donnerstag stattfinden.

2015 hatte ein Unternehmer den Bau erworben, um ein Boutique-Hotel zu eröffnen. Angesichts der zeitaufwendigen Genehmigungsverfahren überließ er das etwas heruntergekommene Gebäude der Non-Profit-Initiative »New Spirit«, die seit 2003 den Aderlass nicht religiöser Jerusalemer stoppen wollte. Denn jährlich ziehen mehr als 1.000 meist junge Einwohner nach Tel Aviv, das nicht so stark wie die Heilige Stadt von Orthodoxen – etwa am Schabbat – dominiert wird.

Ein inzwischen großes Team von »New Spirit« unterstützt auf vielfältige Weise junge Kulturschaffende, Kneipen- und Unternehmensgründer, schafft soziale Netzwerke, Treffpunkte und Kooperationen, um die Attraktivität Jerusalems auch für säkulare Israelis zu steigern. Finanziert wird die inzwischen sehr erfolgreiche, auch von der Regierung geförderte Initiative mit Zuschüssen und Spenden der Stadt, zahlreicher Unternehmen, Stiftungen und Organisationen in Israel und anderen Staaten.

Adresse Ki'akh Street 5, Jerusalem 93542, www.new-spirit.org.il/en/alliance-house sowie auf Facebook: Beit Alliance | ÖPNV Straßenbahn, Haltestelle Mahane Yehuda F; Bus 17, 18, 19, 66, Haltestelle Nevi'im | Tipp Das Muslala-Kollektiv, lokale Initiative für Kultur und Ökologie, befindet sich im fünften Stockwerk des Clal-Centers. Dort findet man Polit-Kunst und Plakate an den Wänden, auf der großen Dachterrasse gibt es einen Fischteich, einen Bio-Bienenstock sowie experimentelle Anpflanzungen zu sehen (Jaffa Road 97).

8 Das Beit Schmuel

Einblicke in die jüdische Welt

Dem ausländischen Besucher nützt die lebendige Theaterwelt Jerusalems wegen der hebräischen Sprachbarriere wenig. Eine Ausnahme ist das Hirsch-Theater, in dem Stücke und Musicals auf Englisch gezeigt werden. Das Theater gehört zu »Beit Schmuel – Mercas Shimschon«, dem Kultur-, Schulungs- und Verwaltungskomplex der »Weltunion für progressives Judentum«. Nur wenige hundert Meter entfernt von der Hochburg der orthodoxen Juden in Mea Schearim befindet sich die Zentrale der liberalen Juden, die 1,8 Millionen Mitglieder hat, die meisten in den USA.

Sie bilden im Judentum den Gegenpol zu den Ultra-Orthodoxen. Liberale Juden glauben, dass sich das Judentum an die Moderne anpassen müsse, ohne die kulturelle Identität aufzugeben. Die Zentrale der Organisation in Mishkenot Shaanamin, der ersten jüdischen Siedlung außerhalb der Stadtmauern, ist auch für nicht jüdische Besucher interessant. Das alte, 1986 errichtete Gebäude mit Räumen für Schulungen, Verwaltung, Mensa und Schlafräumen direkt neben dem Hirsch-Theater verfügt über einen wunderschön begrünten Innenhof mit Café. Im zweiten Gebäudekomplex befinden sich die Blaustein-Halle mit einer spektakulären Glaskonstruktion, ein Hotel und weitere Räume für das ambitionierte Kulturprogramm der Organisation. Es erlaubt einen spannenden Einblick in modernes jüdisches Leben und Denken. Auch hier sind die Veranstaltungen oft auf Englisch, da eine wichtige Zielgruppe die im Ausland lebenden Juden sind.

Thematisch geht es bei den Aufführungen, Lesungen und Podiumsdiskussionen oft um die Dramen des 20. Jahrhunderts: das Grauen des Holocausts, den jüdischen Untergrundkampf gegen die Briten, die Konflikte mit den Arabern, das Ringen des jüdischen Staates um seine Identität zwischen religiöser Orthodoxie und sozialistischen Visionen. Im Programm finden sich aber auch unterhaltsame Konzerte, Tanz-Aufführungen oder Kabarett.

Adresse Hirsch-Theater: King David Street 13, Jerusalem 9410806; Kongress- und Hotel-zentrum: Eliyahu Shema Street 6, Jerusalem 9410806, Tel. 02/6203455, www.beitshmuel.com/en-us, www.wupj.org/beit-shmuel-mercaz-shimshon | **ÖPNV** Bus 13, 18, 49, 78, Halte-stelle David HaMelekh / Hess | **Tipp** Das »Rooftop« im Mamilla-Luxushotel ist ein erst-klassiges Dach-Restaurant mit einer langen Bar und Stehtischen. Von hier hat man einen großartigen Blick auf ganz Jerusalem (Mamilla Hotel, King Solomon Street 11, Jerusalem 94182, Tel 02/5482230, So – Do 18 – 23 Uhr, Fr 12 – 16 Uhr, danach nur Schabbat-Menü, Sa 12 – 21.30 Uhr Schabbat-Menü, dann bis 23 Uhr normale Karte).

9__ Der Berg des bösen Rates

Sitz der Besatzer und der UN

Einer der sieben Hügel außerhalb der Stadtmauern wird seit dem 14. Jahrhundert der Berg des bösen Rates genannt. Hier soll in der prächtigen Villa des jüdischen Hohepriesters Kaiphas die Kreuzigung Jesu beschlossen worden sein. Einen Beleg für diese Legende gibt es nicht. Allerdings hat der Berg eine große symbolische Rolle in der Neuzeit. Der israelische Schriftsteller Amoz Oz nannte sogar seinen Roman über die Stimmung in der dramatischen Zeit der israelischen Staatsgründung »Berg des bösen Rates«.

In den 1930er Jahren hatte der britische Hochkommissar an dieser Stelle sein luxuriös ausgestattetes Hauptquartier gebaut, im Volksmund »Gouverneurspalast« genannt. Von hier hat man einen herrlichen Blick über Jerusalem und bis tief in die Wüste Judäas hinein. Nachdem die Briten Palästina verlassen hatten, übernahm die Organisation der Vereinten Nationen zur Überwachung des Waffenstillstands (UNTSO) 1948 – wegen des Krieges der arabischen Staaten gegen Israel – den Berg und erklärte ihn zum »Niemandsland«. Die Israelis tolerierten das, ohne es aber zu akzeptieren. Bis heute ist es die Aufgabe der UNTSO, nach Nahostkriegen die jeweiligen Waffenstillstandsabkommen immer wieder zu verlängern.

In Israel gibt es heftige Kritik an dem Sitz der UN-Organisation in Jerusalem, wo etwa 400 zivile und militärische Mitarbeiter aus zwei Dutzend Staaten beschäftigt sind. Es gebe hier schließlich keinen Waffenstillstand zu überwachen, meinen die Israelis. Zudem brauche die rasch wachsende Stadt die Immobilie dringend für neuen Wohnraum. Inzwischen wird der UN rechtswidrige Bautätigkeit vorgeworfen. Auf dem für die Öffentlichkeit nicht zugänglichen Gelände seien Gebäude errichtet und der historische »Gouverneurspalast« renoviert worden. All das sei ohne israelische Zustimmung geschehen, obwohl es sich laut Grundbucheintragung um israelisches Staatsgebiet handele.

Adresse Al'ar Street, Talpiyot Mizrah, Jerusalem 9380261 | **ÖPNV** Bus 78, 203, 204, Haltestelle »Armon ha-Natsiv U.N Observers Headquarters«/Daniel Yanovsky Street | **Öffnungszeiten** für die Öffentlichkeit geschlossen, nur von außen anzusehen | **Tipp** »Haoman 17« gilt als der berühmteste Nachtclub Jerusalems. In dem mit einem ausgezeichneten Audio-System ausgestatteten Club treten auch internationale DJs auf (Donnerstag- und Freitagnacht geöffnet, Haoman Street 17, Talpiot, Tel. 02/6781658).

10 Das Bet Hansen

Künstler- und Szenetreff in alter Leprastation

In Jerusalem mit seinen über 80 Museen und vielen ambitionierten Festivals jährlich sind Kultureinrichtungen besonders zu Qualität und Originalität gezwungen. Das Kultur- und Technologiezentrum »Hansen House« hat es seit seiner Eröffnung 2013 mit interdisziplinären Tagungen, ungewöhnlichen Konzerten, gewagten Veranstaltungen wie einem Backgammon-Turnier mit Juden und Arabern, Workshops, Vorträgen und vielen Kunstprojekten zu einer beachtlichen Reputation geschafft.

Das Zentrum, für die Öffentlichkeit kostenlos zugänglich, ist bei jungen Leuten als Szenetreff beliebt. Der großzügige Garten dient als Ausstellungsraum für Objekte und Installationen, als Markt für Werke der Künstler und Designer, zuweilen als Atelier sowie als Treffpunkt von Kunst- und Informatikstudenten. Die Bezalel-Design-Akademie nutzt Bet Hansen als Experimentierfeld vor allem für neue Medien. Kunstwerke, die hier entstanden, finden oft viel Beachtung. Das Kunstprojekt »Die ewige Sukka«, eine aus einem Beduinen-Haus gefertigte Laubhütte, wurde 2015 vom Israel-Museum angekauft.

Für das »Zentrum für Design, Medien und Technologie« ist es vorteilhaft, in einem historischen Gebäude im vornehmen Viertel Talbiya zu residieren. Noch bis zum Jahr 2000 war es ein Pflegeheim für Leprakranke. Von der deutschen Baronin Augusta von Keffenbrink-Ascheraden finanziert und vom berühmten deutschen Missionar und Architekten Conrad Schick entworfen, wurde der zweistöckige, streng symmetrische Gebäudekomplex mit großzügigem Innenhof 1867 seiner Bestimmung übergeben. Lepra war damals unheilbar. Ab 1887 wurde das Aussätzigen-Asyl von protestantischen Gemeinden betrieben, 1950 vom Staat Israel übernommen. Eine multimediale Dauerausstellung über die Geschichte des Hauses befindet sich in dem als Kulturdenkmal geschützten Gebäude mit einem lauschigen Wandelgang über dem Innenhof im ersten Stockwerk.

Adresse Gedalyahu Alon Street 14, Jerusalem 93555, Tel. 02/5973702, www.hansen.co.il, www.facebook.com/hansen.house.1887 | **ÖPNV** Bus 74, 18, Haltestelle Jerusalem Theater | **Öffnungszeiten** So Do 10–18 Uhr, Fr 10–14 Uhr | **Tipp** Keine 300 Meter entfernt befindet sich das Museum für Naturkunde in einem schönen Gebäude aus dem 19. Jahrhundert, umgeben von einem malerischen Skulpturengarten mit Ausstellungen zu zoologischen und naturwissenschaftlichen Themen (Mohaliver Street 6, German Colony; So, Di, Do 9–14 Uhr, Mo, Mi 18–19 Uhr, Sa 10–14 Uhr).

11   Die Bethesda-Zisterne

Ort der Wunderheilungen

Säulen, Treppenstufen, an Gängen und Mauern erkennbare Grundrisse von Hallen und Wasserbecken – das Ruinenfeld, fast so groß wie zwei Fußballfelder, lässt ahnen, wie entschlossen hier seit der Antike gebaut, dann alles in Schutt und Asche gelegt und schließlich immer wieder aufs Neue aufgebaut wurde. Archäologen fanden hier die Überreste einer großen Teichanlage der Juden, eines Heiligtums und eines Dampfbads der Römer, einer Islamschule sowie von zwei mehrfach zerstörten Kirchen.

Die ältesten Spuren belegen, dass sich hier etwa 200 vor Christus ein großer, bis zu 15 Meter tief in den Felsen gehauener Teich befand, umgeben von vier Säulenhallen, jeweils neun Meter hoch. Quer über der Anlage war eine fünfte Säulenhalle, um die Wasserbecken zu trennen. Sie dienten jüdischen Hohepriestern für die rituellen Waschungen im Tempel. Einen Beleg für diesen Teich fand man erst nach 1888, als französische Mönche nahe der St.-Anna-Kirche auf eine Treppe zu einer 120 Meter langen und 60 Meter breiten, mehrfach unterteilten Zisterne stießen. Die Entdeckung war für Christen von großer Bedeutung, gilt die Stätte doch als ein Ort der Wunder Jesu. Am Teich von Bethesda hat Christus dem Evangelisten Johannes zufolge einen gelähmten Mann geheilt. Lange aber gab es keinen Hinweis auf einen Teich an diesem Ort.

Nach der Zerstörung Jerusalems (70 nach Christus) errichteten die Römer hier ein Äskulap-Heiligtum und ein Dampfbad. Etwa um 500 nach Christus bauten die Byzantiner eine mächtige Basilika, die die Perser gut 100 Jahre später wieder zerstörten. Wenig später bauten Christen sie wieder auf. 1009 machte Sultan El-Hakim die Kirche dem Erdboden gleich. Kreuzfahrer errichteten hier 150 Jahre danach eine kleine Kirche, die Sultan Saladin später zu einer Islamschule umbaute. Das Gebäude verfiel, bis es Mitte des 19. Jahrhunderts wieder als (St.-Anna-)Kirche restauriert wurde.

Adresse Burj Laqlaq Strat, Jerusalem 91194, Tel. 02/6251515 | **ÖPNV** Bus 1, 3, 83a, Haltestelle Jericho Road / HaFaoel Road, Eingang zur Altstadt über Löwentor | **Tipp** Das Löwentor mit dem Ausgang zum Ölberg, erbaut von Suleiman dem Prächtigen im 16. Jahrhundert, hatte eine große strategische Bedeutung im Sechstagekrieg, denn hier drangen die israelischen Soldaten in die Altstadt ein. Den Namen hat das Tor wegen der Reliefs zweier Panther an der Außenseite der Stadtmauer, im Volk hielt man die Tiere für Löwen.

12 Der Bezalel-Markt
Nischen-Kunstgewerbe und Delikatessen

Kunstmärkte befinden sich eher selten zwischen Kneipen, Cafés, Eisdielen und Bars. Beim Flanieren über den Bezalel-Künstlermarkt aber müssen die Standbesitzer mit den Verlockungen zahlreicher anderer Straßenlokale mit Tischen und Stühlen vor der Tür, geschützt durch große Sonnenschirme, konkurrieren. Allerdings kann der beschauliche Bezalel-Markt in zwei kleinen, autofreien Sträßchen jeweils am Freitag mit recht originellen Angeboten locken. Große Sonnensegel verhindern, dass die stechende Sonne den Marktbummel schmälert. Bei schlechtem, kaltem und regnerischem Wetter wird der Markt auch mal abgesagt.

Meist junge Kunsthandwerker und Künstler verkaufen hier an oft improvisierten kleinen Ständen Zeichnungen, Gemälde, Schnitzereien, Skulpturen, Glaskreationen, Lederwaren, Decken, Schals und Kleider. Aber auch Profis bieten ungewöhnliche Uhren, Küchenutensilien, Dekorationen, Schmuck, Spielzeug, Puppen, Lampen, Judaica oder Kinderkleider aus den unterschiedlichsten Materialien an. Farmer aus der Region offerieren selbst destillierte, edle Schnäpse aus zum Teil exotischen Früchten, aber auch ökologisch produzierte Weine, Säfte, Backwaren, Honigprodukte, verschiedene Öle, Essige und Kräuter sowie biologische Kosmetik.

Entstanden war der »Bezalel Künstlermarkt« 2009 auf Initiative einiger Galeristen und mit Unterstützung der Stadt Jerusalem, die das Viertel mit seinen vielen Kulturinstituten, Galerien und kleinen Designerläden weiter aufwerten wollte. Auf dem Markt gibt es schon lange nicht mehr nur Kunst und Kunsthandwerk. Rasch wurde das Projekt nahe der alten Bezalel-Akademie für Kunst und Design ein großer Erfolg bei Einheimischen und Touristen. Inzwischen treten an den Markttagen oft Solosänger, kleine Bands oder Straßenkünstler auf. Aber Hektik und Gedränge gibt es hier kaum. Das kann auch an dem relativ hohen Preisniveau des Angebots liegen.

Adresse Shats Street und Bezalel Street, Jerusalem 9426702, Tel. 052/4794141, www.facebook.com/bezalel.fair | **ÖPNV** Bus 7, 19, 75, 78, Haltestelle Bezalel/Trumpeldor | **Öffnungszeiten** Winter: Fr 9–15 Uhr, Sommer: Fr 10–16 Uhr | **Tipp** Die belebte Ben-Yehuda-Fußgängerzone, keine 300 Meter vom Bezalel-Markt entfernt, bietet ein buntes Sammelsurium an Souvenir- und Kleiderläden, Ständen mit Kippas, auf denen Sportclubs aus aller Welt eingeprägt sind, altmodischen Läden mit Judaica, Kunsthandwerk und Krempel, Eisdielen, Hamburger-Stationen und Falafel-Ständen, oft spielen Straßenmusiker.

13___Das Borderline

Palästinensische Gartenlokale für Grenzgänger

Eine Empfehlung der »New York Times« für Restaurants in Ost-Jerusalem ist ungewöhnlich. Aber das »Borderline« und das direkt benachbarte Schwester-Lokal »Pasha« sind – neben dem legendären »American Colony« – seit mehr als 20 Jahren die traditionellen Treffpunkte für Palästinenser, Diplomaten, Mitarbeiter von Nichtregierungsorganisationen und Korrespondenten. In der renovierten, alten arabischen Villa begegnen sich West und Ost, schrieb die »Jerusalem Post«.

Beide Gartenrestaurants mit mehreren, arabisch-bunt dekorierten Räumen im gediegenen Wohnviertel Sheikh Jarrah gehören der Familie Shawan. In ihren populären, zuweilen sehr vollen Lokalen werden alle Speisen mit frischen Ingredienzien zubereitet, betonen die Besitzer. Großen Wert legen sie darauf, dass auch Israelis aus West-Jerusalem willkommene Gäste bei ihnen sind. Für orthodoxe Juden allerdings wären diese arabischen Restaurants, spezialisiert auf nahöstliche Lamm- und Huhn-Gerichte, allerlei gut gewürzte Mezze-Vorspeisen, raffinierte Eintöpfe, selbst gebackene Brotfladen und in Honig getränkte Desserts kaum akzeptabel.

Zwar haben Muslime und Juden teilweise ähnliche Essvorschriften, so lehnen sie beide beispielsweise Schweinefleisch strikt ab, aber dennoch unterscheidet sich koscheres Essen deutlich von Halal-Speisen. Insbesondere eine der bekanntesten »Pasha«-Spezialitäten, das »Mansaf«, gilt seit Menschengedenken geradezu als Provokation gegenüber jüdischen Speisevorschriften, die eine Vermengung von Fleisch und Milch streng ablehnen. »Mansaf« aber ist ein lange in vergärtem Joghurt gekochtes Lämmchen. Das ist sicher eine Köstlichkeit für viele – aber ein Tabu für Juden.

Zum Abschluss gibt es hier auf Wunsch eine orientalische Wasserpfeife mit zahlreichen Tabaksorten. Zuweilen ist die Musik in den Lokalen recht laut. Hier wird aber sogar getanzt, eher untypisch für das muslimische Umfeld.

Adresse Shimon Hazadiq Street 13, Jerusalem 9725013, Tel. 02/5825162 (Pasha), Tel. 02/5328342 (Borderline), www.facebook.com/pg/borderlineofjerusalem, www.borderlinerestaurant.com, www.pashasofjerusalem.com | **ÖPNV** Straßenbahn, Bus 17, 201, 207, 254, 273, 274, Haltestelle Shim'on Ha Tsadik | **Öffnungszeiten** So–Mi 12–1 Uhr, Do 12–18 Uhr (Lokale manchmal sogar bis 2 Uhr geöffnet) | **Tipp** Das Orienthaus gehört seit 1897 der angesehenen Familie al-Husseini, die häufig hohe Gäste hatte wie den deutschen Kaiser Wilhelm II. 1898 oder den äthiopischen Kaiser Haile Selassie 1936. Als PLO-Zentrale ab 1983 wurde es 2001 nach dem Selbstmordattentat in der Pizzeria Sbarro von den israelischen Behörden geschlossen (Abu Ubaida Street 8).

14_Das Caliber 3

Anti-Terror-Training für Profis und Touristen

Wer bei den Profis lernen möchte, sich gegen Verbrecher und Terroristen zu wehren, wird auch gefordert. In der Akademie für Terrorismusabwehr und Sicherheit in den Bergen südlich von Jerusalem gibt es zwar die ungewöhnliche Gelegenheit für jedermann, an Schulungen und Kursen teilzunehmen. Aber selbst beim zweistündigen Einführungskurs sollte man zu Liegestützen und Schießübungen bereit sein.

Ausbilder sind erfahrene Offiziere der Streitkräfte, die hier jährlich viele tausend Personenschützer, Polizisten und Militärs aus aller Welt schulen und trainieren. Von der israelischen Regierung ermutigt, hat das frühere Mitglied einer Eliteeinheit, Oberst Sharon Gat, seit 2003 in Israel vier Anti-Terror-Schulungszentren eingerichtet – eine Filiale von »Caliber 3« befindet sich in San Diego / USA. Für Sicherheitsprofis dauern die Schulungen zwischen einer Woche und drei Monaten. Zivilisten und Touristen können in dieser jüdischen Siedlung im Westjordanland bis zu einwöchige Kurse buchen – die einige tausend Euro kosten.

Auf dem Programm stehen Lehrgänge für die israelische Kampfsportart »Krav Maga«, Workshops für das Schießen mit scharf geladenen Pistolen und Gewehren sowie Überlebenskurse. Aber es gibt auch Schulungen fürs Klettern, »Paintball«-Lehrgänge, deren Niveau höher ist als bei üblichen Schieß-Spielereien. Manche Angebote richten sich speziell an Kinder und Jugendliche.

»Caliber 3« hat einen hohen Anspruch. Es gehe nicht nur um die Vermittlung von Kampffähigkeiten, sondern auch um eine Demonstration des israelischen Willens, sich mit größter Effizienz und hohem moralischen Anspruch zu verteidigen, betont Oberst Gat. Es sei schließlich so etwas wie ein Wunder, dass nach der Tragödie des jüdischen Volkes beim Holocaust es nun ausgerechnet der jüdische Staat sei, bei dem die ganze Welt lernen wolle, sich gegen den Terrorismus zu wehren.

Adresse Gush Etzion Industrial Park, Gush Etzion 29173, Tel. 02/6734334, www.caliber3range.com | **Anfahrt** in Jerusalem auf der Bundesstraße 60 etwa 13 Kilometer nach Süden bis Gush Etzion fahren, »Caliber 3« am Ende der Siedlung, der Beschilderung folgen; Bustransfer aus Jerusalem, Informationen unter Tel. 02/6734334 | **ÖPNV** Bus 167, 169, Haltestelle Gush Etzion Industrial Park | **Öffnungszeiten** So–Fr nach Absprache | **Tipp** Wer einen ganz harmlosen Schießspaß haben möchte, der findet den bei »Space Laser«, wo mit Laserlicht-Waffen spielerische Kämpfe ausgetragen werden (Azaria Street 1, Stadtteil Emek Refaim, Tel. 02/9663535, So–Mi 11–23 Uhr, Do 11–3 Uhr, Fr 10–14 Uhr).

15 Das Carousela

Wohnzimmer vieler Auslandsstudenten

Das Eck-Café hat den bohemehaften Charme einer liebevoll eingerichteten Studentenbude, mit originellen Bildern, vielen Büchern, Plakaten und einem bunten Gemisch von Möbeln und Lampen. Zum Publikum im »Carousela« gehören denn auch junge Leute, Studenten, Professoren und Mitarbeiter der nahen Universität, Institute und Kultureinrichtungen. Besonders viele Auslandsstudenten lieben das unkonventionelle Lokal im gemütlichen Stadtteil Rechavia.

Er wurde als »Grunewald im Orient« bezeichnet, weil hier viele deutsche, insbesondere Berliner Juden in den 30er Jahren einen gemeinsamen Fluchtpunkt fanden. Heute ist das Viertel mit seinen Grünanlagen und den gepflegten Häusern eine begehrte, ruhige und nicht billige Adresse. Viele kleine Geschäfte, Restaurants, Bars und Cafés beleben das wenig geschäftige Viertel. Mittendrin befindet sich aber auch die kurze, für den Verkehr gesperrte Smolenski Street mit der streng bewachten Privatresidenz des israelischen Ministerpräsidenten.

Das »Carousela« bietet, wie heute viele Lokale in Israel, keine Fleisch- und Fischgerichte mehr an. Gerühmt werden die täglich wechselnden Spezialitäten: vegetarische Eintöpfe, Pasteten und Nudelgerichte. »Alternativ-koscher« bezeichnet Café-Besitzer Jonathan Vadel seine Küche, zu der auch eine üppige Frühstücksauswahl, Salate, Sandwichs und Kuchen gehören. Vadel ist einer der rebellischen Lokalbesitzer in Jerusalem, die sich 2012 gegen das Monopol des orthodoxen Oberrabbinats bei der Erteilung von Koscher-Siegeln wehrten. Erfolgreich wurde eine mehr städtisch kontrollierte Instanz erstritten, die sich seither um das Zertifikat kümmert.

Zuweilen verwandelt sich das Café, das auch einige Tische vor der Tür hat, zu einem kleinen Basar für Kunsthandwerker oder Modedesigner. Häufig treten abends auch Sänger und Bands auf, wobei es angesichts des beschränkten Raums meist etwas gedrängt zugeht.

Adresse Binyamin mi-Tudela Street 1, Jerusalem 92305, Tel. 02/6505024, www.facebook.com/
Carousela | **ÖPNV** Bus 9, 17, 19, 22, 32, 267, 791, Haltestelle Azza Street / Radak Street |
Öffnungszeiten schließt um 24 Uhr | **Tipp** Das nahe Bonem-Haus zählt zu den schönsten
Gebäuden deutscher Prägung in Rehavia. Der verschachtelte Bau mit großen, hellen Flächen,
schmalen, horizontalen Fenstern und Fußbodenmosaik wurde 1935 vom Bauhaus-Architekten
Leopold Krakauer für eine Arztfamilie entworfen (Ramban Street 21).

16 Die Cellar-Bar

Politik und Drinks im American Colony

Das »American Colony Hotel« atmet und lebt bis heute Geschichte. Seit fast 100 Jahren ist das stilvolle, kleine Luxushotel ein seltener Ort der Neutralität für die jeweiligen Herren der Stadt, für wechselnde Besatzer und regionale Machthaber, für Kontrahenten der politischen, ethnischen oder religiösen Gruppen. Das architektonische Schmuckstück im arabischen Osten der Stadt fasziniert mit gepflegten Gärten, Springbrunnen und zauberhaften Innenhöfen, den vielen Säulen, Bögen, Mosaiken und dicken Perserteppichen sowie den großzügigen Räumen, in denen einst ein reicher türkischer Geschäftsmann mit vier Ehefrauen residierte.

Nirgendwo aber verdichten sich Geschichte und Politik mehr als in den eher niedrigen Gewölberäumen der »Cellar«-Bar im Souterrain. In der altmodisch eingerichteten Bar bekommt man sogar ein von christlichen Palästinensern gebrautes »Taybe«-Bier – neben allen klassischen Cocktails. An den Wänden des Lokals hängen historische Fotoaufnahmen aus der reichen Vergangenheit. In den Sesseln der Bar saßen schon Berühmtheiten wie Winston Churchill, Marc Chagall, Tony Blair, Leon Uris, John Le Carré oder Lawrence von Arabien. Der traditionelle Treffpunkt von Diplomaten und Korrespondenten, Palästinensern und Israelis, Siedlern und Großgrundbesitzern, ranghohen Vertretern der Kirchen, der UN oder der Hilfsorganisationen hat wenig von seiner Bedeutung eingebüßt. Hier begannen auch die ersten israelisch-ägyptischen Friedensgespräche, die zum Oslo-Vertrag von 1993 führten. Das »American Colony Hotel« wirbt für sich als »neutrale Zone« im nahöstlichen Konflikt – allerdings haben eine Handvoll Institutionen und Orte in Jerusalem einen ähnlichen Anspruch.

Das Hotel ist auch bei Paaren sehr beliebt. Besonderer Anziehungsort ist der romantische grüne Innenhof, in dem großzügig verteilt Tische des Restaurants stehen, das eine viel gerühmte Küche hat.

Adresse Louis Vincent Street 1, Jerusalem 9720071, Tel. 02/6279777, www.americancolony.com | **ÖPNV** Bus 17, 112, 201, 207, Haltestelle Derekh Schem/ Louis Vincent | **Öffnungszeiten** 17.30–2 Uhr | **Tipp** Im Gebäudekomplex befindet sich der Munther's Bookshop, einer der besten englischsprachigen Buchläden für Sachbücher in der Region (Louis Vincent Street 1, Tel. 02/6279777).

17__Die Chagall-Fenster

Große Kunst in der Klinik-Synagoge

Die Hadassah-Universitätsklinik ist ein Krankenhaus, das auch ein Ziel von Kunstfreunden ist. Der Besuch in dem mächtigen Gebäudekomplex bringt es mit sich, dass man auf dem Weg zu den Werken Marc Chagalls in der riesigen, geschäftigen Eingangslobby eine Ahnung von Effizienz und Dynamik des berühmten Hospitals bekommt. In die Abel-Synagoge gelangt man durch eine unauffällige Holztür. Dahinter finden sich die zwölf jeweils 3,40 Meter hohen und 2,50 Meter breiten Glasmosaik-Fenster des russisch-französischen Künstlers.

Die viereckige, luftige Synagoge mit den hellen Holzbänken scheint fast zu klein für die zwölf großen, farblich unterschiedlich geprägten Bogenfenster. Die Vorgabe für Chagall war, jedes Fenster einem der zwölf Söhne Jakobs, den Stammesvätern, zu widmen, ohne sie oder andere Personen erkennbar darzustellen. Das ist nach jüdischer Überzeugung verboten. Also schuf der Künstler mit Fabeltieren, Bäumen, Blumen und Früchten, mit Sternen und symbolträchtigen Hausdächern (wie den Kuppeln Jerusalems) eine Imagination der zwölf Stämme Israels. Jedes Bild bezieht sich auf einen der Segenssprüche Jakobs für seine zwölf Söhne und die Segnungen Moses für die zwölf Stämme Israels. Für die Glasbilder hatten Chagall und sein Assistent Charles Marc ein eigenes Verfahren zum Auftragen der Pigmente entwickelt, mit dem es möglich war, drei verschiedene Farben auf einer Glasscheibe ohne trennende Bleistäbe zu verwenden.

Chagall selbst übergab die Fenster nach zweijähriger, kostenloser Arbeit 1962 in Paris der Hadassah-Organisation anlässlich ihrer 50-Jahr-Feier. Chagall bezeichnete es als großes Glück, dem jüdischen Volk die Werke schenken zu dürfen. Einige Fenster wurden während des Sechstagekrieges 1967 beschädigt und später von Chagall repariert. Im grünen Fenster ließ er allerdings ein Einschussloch als symbolische Mahnung an den Schrecken des Krieges.

Adresse Kiryat Hadassah, Jerusalem 91120, Tel. 02/6777111, www.hadassah-med.com | **ÖPNV** Bus 12, 19, 27, Haltestelle Hadassah Medical Center | **Öffnungszeiten** So–Do 8.30–15.30 Uhr | **Tipp** Das Restaurant »Karma« in Ein Kerem bietet vom geschmackvoll eingerichteten Gastraum, vor allem aber von der Terrasse des pittoresken kleinen Gebäudes einen wunderschönen Blick weit in die malerische Landschaft hinein. Es gibt ein gutes italienisch-israelisches Menü-Angebot (Ein Kerem 74, Tel. 02/6436643).

18 Die Cinematheque

Kultort nicht nur beim Filmfestival

Es gibt wenige Kinos in der Welt, die einen derartig überwältigenden Panaromablick ermöglichen. Von der großen Terrasse des traditionsreichen Filmpalasts blickt man auf die abends herrlich beleuchteten Mauern der Altstadt. Nicht nur beim jährlichen Jerusalem Filmfestival steht die Cinematheque im Zentrum des Kulturlebens. Die ständig wechselnden Programme widmen sich über Tage oder Wochen einer bestimmten Film-Ära, einem Regisseur oder Leinwandstar, der Produktion eines Landes oder eines Genres. Hinzu kommen Liveübertragungen von Konzerten und Opern, beispielsweise aus der New York Metropolitan Opera.

Meistens werden die Filme aus aller Welt in den verschiedenen Sälen der Cinematheque in der jeweiligen Originalsprache gezeigt, zuweilen mit hebräischen Untertiteln. Entsprechend international ist in diesem Haus auch das Publikum. In dem geräumigen, mit vielen historischen Film-Accessoires und -Geräten dekorierten Filmpalast finden auch Diskussionsveranstaltungen und Vorträge statt. Das angegliederte Filmarchiv mit bis zu 100 Jahre alten Filmwerken sowie einer umfangreichen Wochenschau-Sammlung ist für Wissenschaftler und Filmprofis eine wichtige Anlaufstelle. Im Gebäude befindet sich auch ein Holocaust-Multimedia-Forschungszentrum, ein Institut für Film- und Medienerziehung sowie eine private Filmbibliothek. Gegründet wurde die Cinematheque von der israelischen Filmlegende Lia van Leer (1924–2015), die auch das israelische Filmarchiv, das Jerusalem Film Festival und das Filmzentrum Haifa initiierte.

Im Untergeschoss lockt das große, gemütliche Café-Restaurant »Lavan« mit einer langen Bar-Theke und einem schönen Blick auf die Altstadt, es hat wie das Kino sieben Tage in der Woche geöffnet. Das Lokal hat sich mit kreativer, italienisch geprägter Küche einen ausgezeichneten Ruf erarbeitet. Es lockt auch Gäste an, die gar nicht ins Kino wollen.

Adresse Hebron Road 11, Jerusalem 93546, Tel. 02/5654333, www.jer-cin.org.il/en |
ÖPNV Bus 7, 8, 18, 34, 38, 71, 72, 74, 77, Haltestellen Menachem Begin Heritage Center
oder Old First Station | **Öffnungszeiten** Lavan Restaurant: Tel. 02/6737393, So–Do
12–23 Uhr, Fr, Sa 10–23 Uhr | **Tipp** Das »Jerusalem House of Quality« dient der
Förderung von Kunst und Handwerk. In dem Gebäude mit schönem Innenhof befinden
sich eine kleine Galerie und eine Sammlung historischer Gegenstände, außerdem ein
armenisches Keramikzimmer sowie die Kopie einer 2.700 Jahre alten Silberrolle
(Hebron Road 12, Tel. 02/6717430).

19 Der Daniel-Auster-Park

Garten mit ottomanischen Wurzeln

Die nach dem früheren Bürgermeister Daniel Auster, einem Verwandten des US-Autors Paul Auster, benannte Gartenanlage ist eine Oase der Ruhe inmitten städtischen Trubels. Umrahmt wird der kleine Park von Behörden, dem alten und dem neuen Rathaus, der Straßenbahnhaltestelle am Ende der geschäftigen Jaffa Street sowie dem weitläufigen Safra-Platz mit flatternden Israel-Fahnen an hohen Masten. Hier finden Konzerte und andere Veranstaltungen statt, Sportfans oder Parteianhänger feiern gern lautstark auf dem Platz ihre jeweiligen Siege. Im Sommer ist hier ein Klavier aufgestellt, an dem sich jeder, der möchte, versuchen kann. Häufig finden sich hier Schüler oder Soldaten, die israelische Lieder anstimmen.

Das ganze Areal war vor 1967 Grenzgebiet zwischen dem israelischen Westteil und dem jordanisch kontrollierten Osten der Stadt. Vom wuchtigen Rundbau des Rathauses von West-Jerusalem fiel der Blick auf die Altstadt mit Tempelberg und Klagemauer – für Israelis damals kaum zugänglich. Seither wurde viel für eine Aufwertung des Geländes getan. So bildet der Park, den einst die türkischen Machthaber anlegten, das beschauliche Herzstück der Jerusalemer Verwaltung, die die hochmodernen Neubauten ebenso wie auch die aufwendig restaurierten Gebäude aus der ottomanischen Zeit nutzt.

Die reizende Gartenanlage im europäischen Stil mit gepflegten Blumenrabatten und Palmen gehört zu einem verwinkelten, weiten Komplex mit Brunnen, Treppen und Innenhöfen. Installationen, moderne Plastiken, Büsten und armenische Keramiken werten den Park auf. Zu den auffälligsten Kunstwerken gehören ein überdimensioniertes blaues Kofferradio eines israelischen Künstlers und eine Skulptur des US-Pop-Künstlers Roy Lichtenstein, die er in Gedenken an den ermordeten Premierminister Jitzchak Rabin gestiftet hat. Die Stadt bietet montags Führungen am Park und am Safra-Platz an (auch auf Englisch).

Adresse Jaffa Road / Safra Square, Jerusalem 9414109 | **ÖPNV** Straßenbahn, Haltestelle City Hall | **Tipp** Die »Putin-Bar« gegenüber dem Safra-Platz ist ein originelles und sehr populäres Lokal, das nicht nur von vielen jungen Exil-Russen besucht wird. Mehrere Biere vom Fass, acht Sorten Wodka und Spezialitäten aus Russland werden angeboten (Jaffa Road 19, Tel. 02/528954541).

20__Das Denkmal Begins

Gedenkstätte für den radikalen Zionisten

Das »Menachem Begin Heritage Center« spiegelt anhand des Lebenswegs des früheren Premierministers Begin (1913–1992) die dramatische Geschichte Israels wider. Fotos, Dokumente, Flugblätter, Waffen und Möbel sowie multimediale Präsentationen, historische Filme, Musik- und Sprachaufnahmen ermöglichen eine zuweilen bedrückend dichte, sinnliche Reise durch kriegerische Jahrzehnte.

Die Vita Begins war geprägt vom politischen und militärischen Kampf für ein starkes Israel. Nach dem Jurastudium wurde er zionistischer Aktivist in Polen und der Tschechoslowakei, floh dann vor den Nazis, wurde von den Sowjets gefangen genommen und als »Agent« verurteilt. 1942 gelang die Flucht nach Palästina. Begin wurde Chef der Untergrundorganisation Irgun, die gegen die britischen Mandatsherren kämpfte. Irgun war auch verantwortlich für den Terroranschlag auf das King David Hotel 1946 mit 81 Toten sowie für das angebliche Massaker an Arabern in Deir Yasin 1948. Dabei gibt es widersprüchliche Darstellungen: Die Zionisten sagten, sie hätten das Hotel mehrfach vor dem Anschlag gewarnt. Die Briten widersprachen dem vehement. Die Israelis bestreiten, dass es bei den Kämpfen in Deir Yasin zu einem Massaker gekommen sei.

Nach der Unabhängigkeit 1948 wurde Begin einer der wichtigsten rechten Politiker Israels. Sein damaliges Arbeitszimmer findet sich rekonstruiert im Zentrum wieder, das auch Vorlesungen, Kultur- und Diskussionsveranstaltungen (oft auf Englisch) anbietet. Wegen seiner Radikalität war Begin stets umstritten – auch das verschweigt die Gedenkstätte nicht. Jüdische Intellektuelle wie Hannah Arendt oder Albert Einstein bezeichneten Begins Herut-Partei als terroristisch und rassistisch. 1978 aber schloss Begin als Ministerpräsident nach Vermittlung von US-Präsident Jimmy Carter mit Ägyptens Präsident Muhammad Anwar as-Sadat Frieden und gab den besetzten Sinai zurück. Dafür erhielten beide den Friedensnobelpreis.

Adresse Sh. A. Nakhon Street 6, Jerusalem 9411014, Tel. 02/5652020, www.begincenter.org.il | **ÖPNV** Bus 7, 18, 34, 77, Haltestelle Menachem Begin Heritage Center | **Öffnungszeiten** So–Do 9–4.30 Uhr, Fr 9–12.30 Uhr | **Tipp** Um die Ecke befindet sich das Archäologische Museum Ketef Hinnom. Hier befinden sich auch zwei Silberrollen in althebräischer Schrift aus dem 7. Jahrhundert vor Christus, sie sind die ältesten erhaltenen Schriftzeugnisse von bibelnahen Texten (So–Do 10–18 Uhr, Fr 10–12.30 Uhr, David Remez Street 1).

21__Der Design District
Junge Modeschöpfer und Schmuckdesigner

Die Boutiquen sind oft winzig, die Schmuckläden versteckt, die Galerien eher unauffällig, und die selbst gemachten Delikatessen des Straßencafés entdecken nur Gäste, die gezielt die Ecke im Lokal ansteuern. Im Häusergewirr zwischen den Straßen Ben Yehuda und King George abseits der Touristenströme finden sich manche Geheimtipps fürs Shopping.

Das Straßenschild »Design District« an der Ecke Ben Yehuda Street / Bezalel Street gibt es noch. Errichtet wurde es, als die Stadt zwischen dem gediegenen Wohnviertel Nahlaot und der City ein Zentrum für junge Modeschöpfer, Designer und Kunsthandwerker schaffen wollte. Die Initiative sollte dazu beitragen, die Attraktivität Jerusalems auch für nicht religiöse Bürger zu erhalten. Seit Jahrzehnten wird die Stadt angesichts der hohen Geburtenrate der Strenggläubigen und des Zuzugs von Orthodoxen immer stärker von Religiösen dominiert – was den Wegzug junger Leute in die pulsierende Strandmetropole Tel Aviv mit seiner blühenden Wirtschaft und seinem riesigen Freizeitangebot nur noch verstärkt.

Der Designer-Bezirk sollte mit billigen Mieten für Werkstätten, Ateliers und Läden Modeschöpfer, Schmuckdesigner, Goldschmiede, Glasmaler, Graveure, Schnitzer und Töpfer anlocken. Das Projekt war erfolgreich, aber als die städtischen Zuschüsse irgendwann ausblieben, mussten viele aufgeben. Die Standhaften kämpfen mit Kreativität und Qualität um Kunden. Zum Beispiel Anat Friedmann, die in ihrer gleichnamigen Boutique nur eigene Kreationen, luftige, eher klassische Kleider, Röcke und Blusen anbietet. Der Schuhmacher Adi Kilav, der neben handgefertigten Schuhen auch Handtaschen kreiert. »Sofia« wagt sich auch an avantgardistische Mode und Accessoires, die sowohl von renommierten Modeschöpfern als auch von unbekannten Designern stammen. Oft sind es Absolventen der Bezalel Academy, der nationalen Kunsthochschule.

Adresse »Kedem Sasson«, King George Street 21, »Anat Friedman«, Bezalel Street 6, »Sofia«, Bezalel Street 2, Jerusalem 9426104 | **ÖPNV** Bus 7, 13, 19, Haltestelle Bezalel / Trumpeldor | **Tipp** Das Café Bezalel ist ein kleines Studenten- und Künstler-Café. Viele hausgemachte Kuchen und andere Backwaren, verschiedene Frühstücksoptionen, Sandwiches und kleine Gerichte, auch vegetarisch und vegan, stehen auf der Karte (auch am Schabbat geöffnet, Bezalel Street 8).

22 Der »Ecce Homo«-Bogen

Mythen im Kloster der Schwestern Zions

Dramatische Geschichten ranken sich um den römischen Bogen in der Via Dolorosa. Manche Historiker meinen, genau hier habe es heftige Kämpfe zwischen Römern und jüdischen Rebellen etwa 70 nach Christus gegeben. Einige Archäologen glauben, dass es sich bei dem Bogen um einen Teil des ehemaligen Osttors von Jerusalem handelt. Andere sehen in ihm den Eingang der Antonia- Burg, einer römischen Legionsfestung. Einer Legende zufolge markiert der Bogen die Stelle, wo der römische Statthalter Pontius Pilatus – wie im Johannesevangelium beschrieben – Jesus Christus dem Volk mit den Worten präsentiert habe: »Ecce homo« (»Seht, der Mensch«).

Im Jahr 135 hat der römische Kaiser Hadrian nach dem Sieg über die jüdischen Aufständischen, angeführt von Bar Kochba, die fast vollständig zerstörte Stadt wieder aufgebaut. Hadrian benannte sie »Aelia Capitolana« – für Jahrhunderte sollte Jerusalem so heißen. Die Mauerreste des Portals nutzte er zum Bau eines Triumphbogens mitten auf einem Forum.

Zu sehen ist heute in der Via Dolorosa, an der zweiten von den insgesamt 14 Stationen des Leidenswegs Christi, nur der mittlere Teil der drei Portalbögen. Beim Bau des Klosters der Schwestern Zions Mitte des 19. Jahrhunderts wurde der nördliche Teil des Bogens in die Klosterkirche (Ecce-Homo-Basilika) eingefügt, wo er sich direkt hinter dem Altar befindet. Die weitläufige, eindrucksvolle Krypta der Kirche ist aufwendig restauriert worden. Hier befinden sich auch zahlreiche, teilweise antike Ausgrabungsstücke sowie in einem weiteren Raum eine Zisterne. Der südliche Bogen der Portalbögen ist größtenteils zerstört und liegt im Derwisch-Kloster Ez-bekiyeh. Auf der Westseite des Bogens findet sich eine nicht mehr vollständige, griechische Inschrift. Es könnte sich um eine Stelle aus dem Lukasevangelium handeln, in der es heißt: »Hinweg, hinweg, kreuziget ihn!«

Adresse Via Dolorosa 41, Jerusalem 9762641, Tel. 02/6277292 (Basilika) | **Anfahrt** kürzester Zugang vom Damaskus-Tor, die El Wad Street entlang, dann links zur Via Dolorosa | **Öffnungszeiten** Basilika Mo–Fr 9–12 und 14–17 Uhr, Sa 9–17 Uhr (voll zugänglich nur für Gäste des Pilgerhauses »Ecce Homo Convent«, Website: www.eccehomopilgrimhouse.com) | **Tipp** Die armenisch-katholische Kirche, die Kirche der Schmerzen Mariä, ist Station 4 an der Via Dolorosa. In der Krypta, im typischen Baustil der Kreuzfahrerzeit, findet sich ein Bodenmosaik aus dem 4. bis 6. Jahrhundert (Via Dolorosa 36).

23 Das Ein-Yael-Museum
Antike Geschichte zum Mitmachen

Jerusalem ist so kinderfreundlich wie ganz Israel. Eines der faszinierendsten Angebote für Kinder und Jugendliche hat das »Ein Yael Living Museum«. Das wunderschön im grünen Emek-Refaim-Tal gelegene Erlebnismuseum lädt inmitten antiker Stätten zum Mitmachen ein: Es gibt Workshops und Kurse fürs Korbflechten, Textilienweben und Musikmachen, fürs Töpfern, Malen und Mosaikeschaffen. Kinder werden aber auch einbezogen beim Weizendreschen, Kühemelken, Pita-Brot-Backen, Am-Lagerfeuer-Essen-Zubereiten. In der jeweiligen Saison dürfen sie sogar Öl mit einer Olivenpresse gewinnen oder Trauben zu Saft verarbeiten.

In der Regel geht es um Techniken und Aktivitäten, die schon in der Antike eine Bedeutung hatten. In der Idylle Ein Yaels (übersetzt: Bergziegenquelle) werden Kinder seit 1998 spielerisch mit Handwerk, Landwirtschaft und Geschichte gleichermaßen vertraut gemacht. Man kann in diesem abwechslungsreichen Erlebnispark aber auch einfach herumschlendern und sich alles anschauen.

Das 40 Hektar große Gelände am Stadtrand ist integriert in eine 1977 entdeckte archäologische Stätte mit antiken Terrassen, einem alten Bewässerungssystem, einem Brunnen sowie Ruinen einer römischen Villa mit Badehaus und schönen, restaurierten Fresken und Mosaiken. Zu dem von der Jerusalem-Stiftung getragenen Museumsprojekt gehören auch Obsthaine und kleine Getreidefelder sowie eine rekonstruierte römische Straße mit kleinen Geschäften und Werkstätten.

Das Projekt offeriert nicht nur Kurse, Tagesbesuche und Sommercamps, sondern auch Programme für behinderte Kinder, gefährdete Jugendliche und Neu-Einwanderer. In eigenen Workshops für Töpfern oder Weben werden jüdische und arabische Kinder mit ihrem gemeinsamen historischen Erbe im Handwerk vertraut gemacht. Besonders lebendig wird es im Museum, wenn Schauspieler und Musiker spielerisch in die Antike entführen.

Adresse Malha (Bahnhof), Jerusalem 91481, Tel. 02/6451866, www.projects.jerusalemfoundation.org, office@einyael.co.il | **ÖPNV** Bus 26a, 33, Haltestelle Malha | **Öffnungszeiten** So–Do 10–16 Uhr, Kurse nach Anmeldung, für Gruppen nach Vereinbarung | **Tipp** Der Biblische Zoo in unmittelbarer Nähe zeigt auf einem großen Gelände bereits in der Bibel erwähnte Tiere, aber auch andere vom Aussterben bedrohte Arten (Derech Aharon Shulov 1, Tel. 02/6750111, Mo–Do 9–19 Uhr, Fr 9–16.30 Uhr, Sa 10–18 Uhr).

24 Das Einstein-Denkmal
Symbol für die Wissenschaftsstadt

Albert Einstein hätte der Ort seines Denkmals in der Hebräischen Universität sicher gefallen. Die 2,50 Meter hohe Bronzestatue des großen Förderers der Universität liegt im Park des Edmond J. Safra Campus, nahe den Instituten für Mathematik und Physik sowie der imposanten Nationalbibliothek. Wie es sich für den genialen Naturwissenschaftler ziemt, blickt er nicht sinnierend in die Ferne, sondern scheint den Betrachter vor ihm erdverbunden, freundlich-kritisch anzuschauen.

Zum 100-jährigen Jubiläum der Relativitätstheorie und zu seinem 60. Todestag wurde die Statue, gestaltet vom russischen Bildhauer Georgy Frangulyan, 2015 enthüllt. Der späte Zeitpunkt erstaunt. Schließlich ist die Geschichte der weltberühmten Universität, die den Grundstein für den Wissenschaftsstandort Jerusalem mit seinen zahlreichen Instituten und Akademien legte, stets eng mit Einstein verbunden gewesen. Bis heute profitiert die Hochschule von den Einkünften aus Werken und Patenten des Nobelpreisträgers. Auch sein schriftlicher Nachlass ruht gemäß seinem letzten Willen hier.

Das Universalgenie hatte stets die Idee eines jüdischen Staates in Palästina unterstützt, auch wenn er nie Mitglied einer zionistischen Organisation war und es 1952 ablehnte, Israels Staatspräsident zu werden. Als Jugendlicher war er sogar aus der jüdischen Religionsgemeinschaft ausgetreten. Angesichts der aufgeheizt antisemitischen Stimmung in der Weimarer Republik wurde er aber 1924 Mitglied der jüdischen Gemeinde in Berlin – aus Solidarität mit dem Judentum, nicht, weil er religiös geworden wäre. Die Universität in Jerusalem lag ihm besonders am Herzen. Für sie sammelte Einstein in den USA Spenden. 1923 war er bei der Grundsteinlegung vor Ort dabei, 1925 wurde er Mitglied des Verwaltungsrats der Universität. Er unterstützte sie bis zu seinem Tod akademisch und finanziell und bedachte sie in seinem Testament.

Adresse Edmond J. Safra Campus, Givat Ram, Jerusalem 39105 | **ÖPNV** Bus 7, 7H, 9, 14, 35, 35h, 42, 66, 66h, 68, Haltestelle Hebrew University | **Tipp** Die Nationalbibliothek, ein architektonisch spannendes Gebäude, besitzt einige Einstein-Schriften sowie die erste Veröffentlichung zur Relativitätstheorie. Es gibt dort eine Ausstellung antiker Landkarten, besonders schön sind die Fenster gestaltet (So–Do 9–20 Uhr, Fr 9–13 Uhr, Besucherzentrum So–Do 9–15 Uhr).

25 Die Eisenbahnbrücke

Viehwagen in Yad Vashem erinnert an das Grauen

Der Reichsbahnwaggon auf einer Brücke ins Nichts, am Ende der Schienen nur der Abgrund, ist ein besonders verstörendes Mahnmal für die unmenschlichen Massentransporte in die Konzentrationslager der Nazis. Der Viehwaggon in der Gedenkstätte Yad Vashem soll daran erinnern, dass von den sechs Millionen ermordeten Juden etwa 1,5 Millionen bereits beim Transport starben. Es waren vor allem Kranke, Alte und Kinder, die den Strapazen in den vollgepferchten Waggons mit den Schiebetüren und ohne Fenster nicht gewachsen waren. Für die Fahrt in die Todeslager Auschwitz oder Treblinka mussten die gequälten, gedemütigten Deportierten oft sogar eine »Fahrkarte« bezahlen.

Yad Vashem, die zentrale Gedächtnisstätte Israels an den Holocaust, ist vielfältig dem Grauen der Shoa gewidmet. Der Ort, an den alle offiziellen Besucher hingeführt werden, ist die »Halle der Erinnerung« mit der Gedenkflamme in Form eines zerbrochenen Bronzekelchs für die Opfer des Holocausts. Unter der Steinplatte davor befindet sich die Asche von Ermordeten aus den deutschen Konzentrationslagern. Im Boden eingraviert die Namen der 22 größten Konzentrationslager.

Unter den Skulpturen, Denkmälern und anderen Gedenkstätten sticht das Mahnmal für die Deportierten mit seiner rohen, banalen Direktheit heraus. Es ist ein Stück der alltäglichen Holocaust-Realität, fast zum Greifen nah und aufwühlend. Auf der angrenzenden Mauer des Mahnmals befindet sich als Inschrift die Zeugenaussage des Holocaust-Überlebenden Avraham Krzepicki.

Die zwölf Jahre der Nazi-Herrschaft in Deutschland haben nicht nur den schrecklichsten Zivilisationsbruch der Moderne ermöglicht, sondern auch viele deutsche Gegenstände, Orte und Worte für immer auf eine beunruhigende Weise kontaminiert. Nicht nur Juden drängt sich bis heute beim Anblick deutscher Viehwaggons zuweilen die Erinnerung an die mörderische Vergangenheit auf.

Adresse Yad va-Shem Street, Jerusalem 9103401, Tel. 02/6443400, www.yadvashem.org |
ÖPNV Straßenbahn, Bus 10, 16, 20, 23, 24, 26, 26a, 27, 27a, 28, 28a, 29, 33, 25, 39, 150,
Haltestelle Mount Herzl, kostenloser Shuttlebus zur Gedenkstätte | **Öffnungszeiten**
Mo–Mi 8.30–18 Uhr, Do 8.30–20 Uhr, Fr 8.30–14 Uhr | **Tipp** Die Kuppe des nahen
Mount Herzl/Herzl-Bergs (834 Meter hoch) ist eine Parkanlage und Schauplatz
staatlicher Gedenkveranstaltungen. Hier befindet sich ein Nationalfriedhof, auf dem auch
Theodor Herzl, Begründer des modernen Zionismus, sowie die Ex-Premierminister
Schimon Peres, Jitzchak Rabin und Golda Meir begraben sind. Beim Eingang gibt es ein
Theodor-Herzl-Museum.

26   Das Elvis-Denkmal

Raststätte für den King of Rock

Die Autobahnraststätte Neve Ilan nahe des israelisch-arabischen Ortes Abu Gosh ist seit Jahrzehnten ein Pilgerort von Elvis-Fans im Heiligen Land. Aber auch Popstars wie Joe Cocker, Sting oder Michael Jackson statteten bei ihren Israel-Tourneen diesem außergewöhnlichen Kultort in den Bergen Judäas ihren Besuch ab.

Der Israeli Uri Yoeli, glühender Bewunderer der US-Rock-Legende seit Kindheitstagen, hatte 1974 auf dem felsigen Berghang das Gelände mit der Tankstelle, dem Gasthaus und einigen kleinen Läden erworben. Vor dem Restaurant »Elvis Inn« steht seither eine fünf Meter hohe, gold glänzende Bronzestatue des singenden Superstars. Von hier hat der Besucher auch einen herrlichen Blick hinüber zum Trappistenkloster Latrun und in das weite Tal bis hin zur Küstenebene Tel Avivs.

Im Restaurant im klassischen Diner-Stil mit viel Chrom, Plastik und roten Farben schmücken Hunderte von Elvis-Fotos die Wände. Unzählige Elvis-Devotionalien wie Tassen, Gläser, Aschenbecher, Weinflaschen oder Magneten mit Elvis-Motiven gibt es zu kaufen – ebenso T-Shirts mit der Aufschrift: »I saw Elvis at…« mit Bildern des Rock-'n'-Roll-Stars an der Klagemauer oder am Strand von Tel Aviv. Lebensgroße Elvis-Figuren aus Bronze sitzen an den Tischen, stehen lässig an der langen Bar. Selbstverständlich schnulzt und rockt unterbrochen die Stimme der Popikone dröhnend aus der Juke-Box. Auf der Speisekarte finden sich Diners-Klassiker wie Hamburger und Hotdogs – allerdings geht es auch hier nicht ohne die lokalen Spezialitäten Hummus, Tehina oder Shwarma.

Jeweils am 8. Januar versammeln sich zahlreiche Fans des King of Rock, um seinen Geburtstag zu feiern. Auch an seinem Todestag am 16. August gibt es zuweilen wilde Partys mit Elvis-Doubeln, Mädchen im Petticoat und Jungs mit engen Jeans, die im Stil der 60er Jahre eine »kesse Sohle« aufs Parkett legen.

Adresse Elvis Inn Neve Ilan, Abu Gosh, Jerusalem 9085000, Tel. 02/5341275 | ÖPNV
Bus 185, Haltestelle Neve Ilan a und b | **Anfahrt** Nationalstraße 1 Richtung Tel Aviv,
Ausfahrt Abu Gosh | **Öffnungszeiten** Restaurant Mo–So 7– 19 Uhr (kann aber ab-
weichen) | **Tipp** Die Auferstehungskirche in Abu Gosh, eine romanische, festungsartige
Kreuzfahrerkirche aus dem 12. Jahrhundert, weist schöne Fresken und Außenmauern mit
einer Stärke von bis zu 3,70 Metern auf. Sie gehört heute zum Benediktinerkloster im
Zentrum des kleinen Ortes.

27 __ Das »Eukalyptus«
Biblische Gerichte auf der Speisekarte

Am schönsten sitzt man an den Tischen auf der Terrasse unter dem Eukalyptusbaum inmitten des kleinen Künstlerviertels und in Wurfweite der alten Stadtmauer. Dieses Restaurant in einem restaurierten Gebäude aus dem 19. Jahrhundert ist in vieler Hinsicht ungewöhnlich. Denn Küchenchef Moshe Basson bietet vor allem Gerichte mit biblischem Bezug an. Die drei Degustationsmenüs sind nach König David, der Königin von Saba und dem »Hohelied«, den biblischen Liebesversen, benannt. Der Linseneintopf verweist auf Jakob, der Esaus Erstgeburtsrecht für ein Linsengericht erwarb.

Basson nimmt an, dass es seine Speisen so oder so ähnlich auch schon vor 2.000 Jahren gegeben hat. Zu seinen Spezialitäten gehören mit Hühnchen gefüllte Feigen in Tamarindensauce, gebratene Auberginen mit Tahini und Granatapfelsirup, Wildente mit Birne oder Couscous-Gerichte. Ein kleines Spektakel im Lokal ist die Ma'aluba-Zeremonie. Dieser traditionelle, viele Stunden geköchelte Eintopf mit Fleisch auf einem Reis- und Gemüsebett wird aus der Kasserolle direkt am Tisch auf den Teller des Gastes umgestülpt. Währenddessen ertönt eine Fanfare, die Kellner schlagen mit Kochlöffeln auf Kupferschalen und Topfdeckel.

Basson, der in den 60er Jahren aus dem Irak fliehen musste, ist stolz auf sein erfolgreiches, geräumiges und nicht ganz billiges Restaurant. Inzwischen hat er schon einige Gourmet-Preise gewonnen. Er habe viel ausprobiert, um eine moderne Interpretation biblischer Küche präsentieren zu können. Sein oft gerühmtes Lokal gehört zur anspruchsvollen internationalen »Slowfood«-Bewegung und legt großen Wert auf frische, regionale Lebensmittel. Viele Kräuter stammen aus Bassons Garten. Jedes Essen beginnt mit schlichtem, selbst gebackenem, köstlichem Brot, das frisch aus dem Ofen kommt, und drei Aufstrichen, bestehend aus Tehina, getrockneter Tomate in Olivenöl und Aubergine mit Walnüssen.

Adresse Hativat Yerushalayim Street 14, Hutzot HaYotzer Colony, Jerusalem 9411700, Tel. 02/6244331, www.the eucalyptus.com | **ÖPNV** Bus 38, 83, 124, 125, 163, Haltestelle Jaffa-Tor | **Öffnungszeiten** So–Do 17–24 Uhr, Sa 17.30–24 Uhr | **Tipp** Der breite Fußgängerweg, in dem sich das »Eukalyptus« befindet, ist die Künstlerkolonie »Hutzot Hayotzer« mit 26 Ateliers und Kunstgalerien. In dem 1969 erbauten Künstlerviertel gibt es neben einem jährlichen Kunsthandwerks-Festival und vereinzelten Konzerten auch kleine Märkte und Ausstellungen, viele Künstler erlauben den Blick in ihre Werkstätten (So–Do 10–17 Uhr, Fr, Sa 10–14 Uhr).

28 Der Express-Bahnhof
Start nach Tel Aviv in 80 Meter Tiefe

Hightech in der Heiligen Stadt: Schon der futuristische anmutende Bau des neuen Bahnhofs Yitzchak Nawon signalisiert, dass sich nach 17 Jahren Bauzeit große Erwartungen mit dem Projekt des Expresszugs nach Tel Aviv verbinden. Vor allem soll es eine Verlagerung des Autoverkehrs auf die Schiene geben: Die tagsüber alle 15 Minuten verkehrenden Züge können bis zu 1.000 Passagiere transportieren. 35 Personenaufzüge führen auf eine unterirdische Geschäfts- und Büroetage sowie auf die vier Bahnsteige des Tiefbahnhofs, der auch als Schutzraum für 2.000 Menschen konzipiert wurde.

Obwohl Israels wichtigste Metropolen nur 65 Kilometer voneinander entfernt sind, dauerte früher die Fahrt mit Auto oder Bus eine Stunde, mit der alten Bahn noch länger. Der neue Zug, der im Nordwesten Jerusalems in 80 Meter Tiefe startet, braucht trotz Zwischenstopp am Ben-Gurion-Flughafen nur 28 Minuten – mit dem Vorteil, dass es kein Staurisiko gibt. Die 60 Kilometer lange Bahnstrecke mit vielen Brücken und Tunneln (bis zu elf Kilometer lang) ist die erste voll elektrifizierte Bahnlinie Israels. Die roten Doppelstockwagen vom Typ Twindexx Vario, gebaut in Görlitz/Sachsen, erreichen eine Spitzengeschwindigkeit von 160 Kilometern in der Stunde. Die Regierung will die Strecke künftig bis in die Altstadt Jerusalems ausbauen. Dann wäre es möglich, direkt vom Strand in Tel Aviv in einer halben Stunde zur Klagemauer in Jerusalem zu reisen.

Unklar ist, welche Folgen die neue Verbindung für Israel haben wird. Die Regierung hofft auf einen Standortvorteil für Jerusalem. Arbeitnehmer, die lieber in der Strand- und Vergnügungsstadt Tel Aviv leben, können nun leichter pendeln. Pessimisten fürchten allerdings, dass noch mehr nicht religiöse Bürger Jerusalems als bisher an die Küste ziehen und nur tagsüber zu ihren Arbeitsplätzen in Jerusalem mit seinen vielen Ministerien, Behörden und Institutionen kommen.

Adresse Jitzchak Nawon, zwischen Shedrot Shazar Boulevard und Jaffa Road, Jerusalem 9411714 | **ÖPNV** Bus 3, 6, 14, 31, 32, 50, 54, 66, 67, 68, 74, 75, 78, Haltestelle Central Station | **Tipp** Der benachbarte, alte Jerusalem-Bahnhof Malcha war lange Zeit der wichtigste Bahnhof der Stadt. Hier endete auch die bisherige Strecke Tel Aviv/Jaffa–Jerusalem. Seine Zukunft ist angesichts der neuen Verbindung ungewiss.

29__Der Falafel-Tempel

Abu Shukri – umstrittener Falafel-König

Die Frage nach der besten Falafel in Jerusalem ist genauso umstritten wie die nach der besten Currywurst in Berlin. Auch für Jerusalemer ist es eine emotional bewegende Frage, wo man das populärste warme Fast Food der Stadt am schmackhaftesten zubereitet. Seit vielen Jahren preisen viele Bewohner der Heiligen Stadt Abu Shukri als »Falafel-König«. Manches spricht tatsächlich für das traditionsreiche Restaurant nahe der Via Dolorosa, das heute von den Enkeln des berühmten, längst verstorbenen Vaters (arabisch: Abu) Shukri geführt wird.

Zum einen ist das Lokal, das es seit fast 70 Jahren gibt, sichtlich erfolgreich. Der nüchtern und schlicht eingerichtete Raum mit etwa zwei Dutzend Sitzplätzen ist nicht nur in der Touristensaison gut besucht.

Zum anderen gibt es bei allen drei großen Religionsgemeinschaften bekennende Fans von Abu Shukri – gerade, wenn es um dieses Essen geht, ist das in Jerusalem nicht selbstverständlich. Im Unterschied zu anderen Falafel-Spezialisten befinden sich bei Abu Shukri die schweren Ölkessel, in denen die selbst gemachten Kichererbsen-Kugeln frittiert werden, nicht am Eingang, sondern hinten in der Küche. Hier vertraut man auf den guten Ruf: Man müsse keinen vorbeischlendernden Passanten überzeugen, dass wirklich alles selbst hergestellt und zubereitet werde.

Die Begeisterung für Falafel und ebenso für den Kichererbsen-Brei Hummus eint die ansonsten oft zerstrittenen religiösen und ethnischen Gruppen kulinarisch. Grundsätzlich unterscheiden sich die Rezepte für die verschiedenen Spezialitäten aus Kichererbsen nur unwesentlich. Die weich gekochten Hülsenfrüchte, die nach Angaben der Archäologen schon vor 8.000 Jahren in Kleinasien verspeist wurden, werden mit Olivenöl, Kräutern, Gewürzen, Backpulver sowie Sesam, Bulgur, Knoblauch, Zwiebeln und Zitrone (je nach Gusto) angereichert. Alle servieren es mit warmem Pita-Brot.

طعم ابو شكري

AbuShukri

RESTAURANT Co. Jerusalem , 63 Al - Wad St . Old City ☎ 62

Adresse El Wad Street 63, Jerusalem 9710700, Tel. 02/ 6271538; Hummus Lina, Ma'alot E-Chanka Street 42, Jerusalem 17392, Tel. 02/6277230 | **ÖPNV** Straßenbahn, Haltestelle Damaskus-Tor, über Damaskus-Tor in die Altstadt immer die El Wad Street entlang | **Öffnungszeiten** So–Sa 8–16.30 Uhr | **Tipp** Abu Shukri hat viele angesehene Konkurrenten, beispielsweise das »Hummus Lina« im christlichen Viertel (Al Khanka Street) oder das Restaurant Waari, einige hundert Meter vom Damaskustor entfernt in der Salah ed Din Street.

30 Der Festsaal

Symbol für die Versöhnung der Religionen

In Jerusalem gibt es nur wenige Einrichtungen, die sich der Zusammenführung von Menschen aller Religionen verschrieben haben. Ein solcher Ort ist der Konzertsaal im imposanten YMCA-Gebäudekomplex, der ein dichtes Programm von Konzerten und anderen Aufführungen anbietet. Schon in der Architektur und Inneneinrichtung der »Goldenen Halle für Freundschaft« drückt sich symbolisch die interreligiöse Botschaft von Toleranz und Versöhnung aus. Die zwölf Fenster des Kuppelsaals stellen die zwölf Stämme Israels und die zwölf Anhänger Mohammeds dar. Auf dem prächtigen Lüster und den Messinglampen an den Seitenwänden sind Kreuz, Halbmond und Davidstern abgebildet.

Das 1933 eröffnete Jerusalem-Zentrum des Christlichen Vereins junger Männer hatte von Anfang an den Ehrgeiz, das friedliche Zusammenleben der vielfach gespaltenen Bevölkerung der Heiligen Stadt zu fördern. An der Fassade rufen Bibelzitate auf Hebräisch, Englisch und Arabisch zur Einheit und zum Frieden auf. Architekt der »Anlage des Friedens« mit seinen idyllischen Gärten und dem ältesten Hallenschwimmbad der Stadt war der Amerikaner Arthur L. Harmon, der auch das Empire State Building in New York entworfen hat. Der fast 50 Meter hohe Turm des »Three Arches«-Hotels im YMCA-Komplex, in dem sich auch ein Kino und ein kleines archäologisches Museum befinden, zählt zu den markantesten Wahrzeichen der Stadt.

Seit über 20 Jahren ist der Festsaal mit 600 Plätzen auch Schauplatz des renommierten Internationalen Kammermusik-Festivals von Jerusalem. Der Begründerin und künstlerischen Leiterin, der Pianistin Elena Baschkirowa, gelingt es oft, auch weltbekannte, exzellente Musiker zu engagieren – die ohne Honorar an diesem faszinierenden, magischen Ort auftreten. Zu diesen Stars gehören die Violinisten Madeleine Carruzzo und Gidon Kremer, der Cellist Julian Steckel, der Flötist Emmanuel Pahud und natürlich auch Dirigent Daniel Barenboim, der Ehemann Baschkirowas.

Adresse King David Street 26, Jerusalem 91002, Tel 02/5692694, www.ymca.org.il | ÖPNV Bus 4, 7, 8, 13, 18, 21, 30a, 38, 49, 71, 72, 74, 75, 101, 102, 103, 105, 106, 107, 108, Haltestellen David HaMelekh / Mapu oder Yemin Moshe | Tipp Die Aussichtsplattform auf dem Glockenturm des YMCA erlaubt einen grandiosen Blick über Jerusalem. NichtHotelgäste dürfen gegen eine kleine Gebühr (1,25 Euro) den Fahrstuhl nach oben benutzen, man muss bei der Rezeption fragen.

31 Der »First Backpacker«

Eine Herberge zum Lernen, Mitmachen und Genießen

Zwar betonen die Manager des »Hostels«, dass Gäste aller Altersklassen die Unterkunft lieben. Aber natürlich dominieren junge Menschen dieses farbenfroh eingerichtete, weitläufige Gästehaus, das mit dem Slogan »The First Backpacker« (der erste Rucksackreisende) wirbt. Die Jugendherberge, die wie ein ganz normales Hotel mit vielen Doppelzimmern funktioniert, bietet deutlich mehr als nur 300 Betten, einen Frühstücksraum und manch schräges Graffito an den Wänden. Es hat eine bemerkenswert schöne Dachterrasse, große Räume für Veranstaltungen und Workshops sowie ein ungewöhnliches Programm.

Sonntags wird bei »Abraham«, zentral in der Innenstadt gelegen, zur »Open Jam Night« eingeladen. Meist treten junge Bands und Sänger mit ihrem Programm auf. Gelegentlich lassen die Akteure auf der kleinen Bühne Gäste mitspielen. Danach kann, wer möchte, ans Klavier oder mit einem mitgebrachten Instrument auftreten – allein oder gemeinsam. Das Hostel ist ein Ort, an dem Gäste oft eine Gitarre, Violine, Oboe oder Trommel mit auf die Reise genommen haben.

In dem großen Gemeinschaftsraum im ersten Stock stehen Sofas und Sessel, Tische mit Stühlen, ein Billardtisch und ein Tischkicker. Wer tanzen will, findet reichlich Platz. Zudem kann man an den Tresen der professionell geführten Bar mit einem aus dem Fass gezapften Bier, aber auch mit frischen Säften sitzen oder eine Kleinigkeit essen. An manchen Abenden gibt es ein »Pub-Quiz« oder eine Filmvorführung, am Schabbat-Abend ein Gemeinschafts-Dinner, allerdings nur für Hausgäste. Auf dem Dach wird im Sommer einmal in der Woche der Barbecue-Grill angeworfen. Tagsüber können die Hostelgäste an Workshops für Yoga oder die richtige Zubereitung von Hummus teilnehmen. Bei einem »Sprach-Austausch« wird zwischen den Menschen aus aller Herren Länder spielerisch-heiter Konversation in den unterschiedlichen Sprachen geübt.

Adresse Hanevi'm Street 67, Jerusalem 9470211, Tel. 02/3932793, www.abrahamhostels.com/jerusalem | **ÖPNV** Straßenbahn, Bus 7, 25, 32, 66, 75, 77, Haltestelle HaDavidka | **Tipp** Das Restaurant Hamotzi nicht weit vom Mahane-Yehuda-Markt bietet drinnen eine einsehbare Küche, im Sommer kann man an Tischen draußen auf dem Bürgersteig dieser belebten Ecke sitzen. Alle Speisen werden frisch zubereitet, es gibt Fleisch vom Grill und mehrfach ausgezeichnete israelisch-europäische Küche (Jaffa Street 113, Tel. 02/6310050, Mo–Do 12–24 Uhr, Fr 11.30–15 Uhr).

32 Die »First Station«

Kunst, Musik und Kneipen im alten Bahnhof

Die »First Station« ist untypisch für Jerusalem. Vor allem, weil es in dem aufwendig restaurierten und umgebauten alten Bahnhof aus dem Jahr 1892 selbst am Schabbat ein beachtliches kulturelles, kulinarisches und sportliches Angebot gibt. Gewöhnlich wirkt Jerusalem – abgesehen vom arabischen Teil im Osten – am jüdischen Feiertag unwirklich ruhig. Städtische Busse und die Straßenbahn liegen still, auch der übrige Verkehr ruht weitgehend. Das Straßenbild wird dominiert von den oft festlich traditionell gekleideten, orthodoxen Familien auf dem Weg zur Synagoge und von spielenden Kindern auf meist leeren Straßen.

Am Freitagabend ist daher die »First Station« für gut 24 Stunden auch ein Zufluchtsort für weniger glaubensfeste Israelis und für die Touristen. Aber auch für die religiösen Bürger und Besucher der Stadt gibt es ein Angebot: Am Freitag wird vor Sonnenuntergang auf der zentralen Bühne das Musical »Kabbalat Schabbat« aufgeführt, am Samstagabend wird dann der rituelle Schabbat-Abschied zelebriert, der sogenannte Havdalah-Dienst.

An sieben Tagen der Woche locken in der »First Station« am Rande der »German Colony« Restaurants, Bars, Galerien, Marktstände und Geschäfte sowie meist kostenlose Konzerte, Theateraufführungen und andere Veranstaltungen. Nur wenige Läden sind samstags geschlossen. Der gepflegte, teilweise mit kunstvoll bemalten Planen überdeckte Freizeitpark, in dem man auch Fahrräder und Segways ausleihen kann, ist besonders familienfreundlich. In einem großen Zelt am Rande des Kulturzentrums gibt es Spielangebote nur für die Kleinen, zudem können sie gefahrlos in der autofreien Anlage umhertollen.

Die gastronomische Palette reicht von Biergärten über Falafel-Buden und Eisdielen bis hin zu bemerkenswerten Restaurants wie dem »Beit Hakavan«, »Station 9« oder dem »Adom«, das zu einer renommierten Kette von Spezialitätenrestaurants gehört.

Adresse David Remez Street 4, Jerusalem 9354102, Tel. 072/3290728,
www.firststation.co.il/en | **ÖPNV** Bus 71, 72, 74, Haltestelle Hahan / David Remez |
Öffnungszeiten täglich 7–24 Uhr, allerdings nicht alle Geschäfte, Stände und Restaurants |
Tipp Das Matthäus-Frank-Haus ist eines der ältesten und eindrucksvollsten Gebäude in
der »German Colony«. Erbaut wurde es 1873 von dem Templer Matthäus Frank mit der
Absicht, den Grundstein für eine Templer-Gemeinde zu legen (Emek-Refaim Street 6).

33 Der Fotoladen von Elia

Fundgrube für alte Jerusalem-Bilder

Die bewegte Geschichte Jerusalems seit Ende des 19. Jahrhunderts wird in diesem kleinen, von außen grell gelb gestrichenen Laden lebendig. Manche der vielen tausend Fotografien in Schwarz-Weiß und Sepia wurden noch zu Zeiten osmanischer Herrschaft geschossen. Sie spiegeln längst vergangene Moden, aber auch den Alltag der Heiligen Stadt, die nie zum Schmelztiegel wurde, sondern meist zerrissen war zwischen Religionen, Völkern und Gruppen.

Geschäftsinhaber Kevork Kahvedjian setzt mit seinem Sohn die Tradition seines legendären Vaters, des armenischen Fotografen Elia Kahvedjian (1910–1999), fort. Dessen fotografische Schätze, meist geschossen mit einer analogen Rolleiflex-Kamera, werden noch immer in einer altmodischen Dunkelkammer neu entwickelt. Fotos von Jerusalem, auf denen Maultiere, Esel und Pferdewagen das Straßenbild prägen, oder seltene Aufnahmen aus dem Sechstagekrieg locken Diplomaten und Liebhaber historischer Bilder aus aller Welt in den Laden.

Armenier brachten in der zweiten Hälfte des 19. Jahrhunderts die Fotografie in den Nahen Osten. Auf Initiative des damaligen armenischen Patriarchen Yesai Garabedian wurden erstmals in Jerusalem Foto-Workshops angeboten – worauf sogar manch junger Priester den Beruf wechselte.

Elia Kahvedijian war 1915 als fünfjähriges Waisenkind, das seine Familie beim Völkermord an den Armeniern verloren hatte, auf verschlungenen Wegen mit anderen armenischen Kindern nach Nazareth gekommen. Er machte sich als junger Mann als Fotograf einen Namen, sein Laden im christlichen Viertel Jerusalems wurde für Einheimische aller Glaubensrichtungen Anlaufstelle für Porträts und Passfotos, Familien- und Hochzeitsfotos. Gleichzeitig wurde der Armenier wichtiger Chronist dieser oft umkämpften Stadt mit wechselnden Herren. Seine einmaligen Jerusalem-Fotos werden bis heute weltweit in Ausstellungen gezeigt.

Adresse Al Khanka Street 14, Jerusalem 9531220, Tel. 02/6282074, www.eliaphoto.com | **Anfahrt** am besten vom Jaffa-Tor oder vom New Gate ins christliche Viertel in der Altstadt, Laden nahe der Grabeskirche | **Öffnungszeiten** unregelmäßig, meistens Mo–Sa 10–17 Uhr, oft mittags vorübergehend geschlossen | **Tipp** Das relativ neue »Terra Sancta Museum« beschäftigt sich mit den Wurzeln des Christentums und der Geschichte der Via Dolorosa. Die Ausstellung präsentiert wichtige archäologische Funde aus der Zeit des Herodes bis zur Gegenwart (Via Dolorosa 1, Sommer: Mo–So 9–18 Uhr, Winter: Mo–So 9–17 Uhr).

34 Die Galerie der Sarah

Israels Gegenwartskunst – kritisch und zionistisch

Vor allem die junge Geschichte Israels ist ein künstlerisches Thema dieser kleinen, aber bedeutenden Galerie. Seit mehr als vier Jahrzehnten finden sich hier Werke wichtiger israelischer Künstler. Viele von ihnen sind Vertreter der »Zionist Art«, die vor allem das Projekt des jüdischen Staates und die jüdische Identität thematisieren. Zur in Israel durchaus umstrittenen »zionistischen Kunst«, für die es seit 2010 sogar einen staatlichen Preis gibt, gehören nicht nur Montagen oder Gemälde, sondern auch Literatur und Film. Die Bilder und Grafiken kombinieren oft Motive der israelischen Geschichte wie Davidstern, Klagemauer oder Menora mit historischen Fotografien und den Ikonen des Zionismus wie Golda Meir oder David Ben Gurion.

Galeriebesitzer Gabriel Knafo ist stolz, trotz der großen Konkurrenz in Jerusalem und Tel Aviv Objekte und Bilder von Israels bekanntesten Künstlern wie Menashe Kadiskman, Avi Bensimhon oder Dan Groover anbieten zu können. Viele der farbenfrohen Werke haben eine deutliche Affinität zur Pop-Art. Manche Bilder thematisieren die kontroverse Debatte um Besatzung und Menschenrechte, andere sind eher ein Plädoyer für den heroischen Sieg über die Heimatlosigkeit der Juden in aller Welt, die mit der Gründung Israels ein Ende gefunden hat. Zu den wichtigen Künstlern der Galerie zählen auch Ester Kreisman, die vor allem Motive aus dem Stadtbild von Jerusalem oder Tel Aviv verarbeitet, oder David Gerstein mit seinen farbenfrohen Keramik- und Aluminium-Skulpturen.

Auch wenn die Kunden aus aller Welt kommen, am wichtigsten sind nach Angaben Knafos immer noch die Kunstsammler aus den USA. Die Preise für die meisten Bilder und Objekte liegen zwischen 2.000 und 10.000 Euro. Den Namen verdankt die Galerie der biblischen Sarah, der Frau Abrahams und Urmutter Israels. Sarahs alttestamentarisch gerühmte Gastfreundschaft soll den Geist der Galerie prägen.

Adresse Shlomzion Hamalka 18, Jerusalem 94146, Tel. 054/4425511, www.sarahstentgallery.com | **ÖPNV** Bus 13, 19, 104, 105, 108, 115, 284, 480, 755, Haltestelle Mamilla / Agron Street | **Öffnungszeiten** So–Do 10–20 Uhr, Fr 10–14 Uhr | **Tipp** Die erste Karaoke-Bar Jerusalems ist die »Capricorn Bar & Karaoke«. Das Reizvolle dieses Lokals liegt in der bunt gemischten Gästeschar aus aller Welt, die aus manchem Karaoke-Abend eine recht amüsante Veranstaltung macht (King Salomon Street 18, Tel. 02/6245415, So–Do 20 Uhr bis spätnachts, Sa ab 21 Uhr).

35 __ Der Gatsby Room

Bar mit Lektionen für Fortgeschrittene

»In eine andere Welt eintauchen« lautet das Versprechen dieses ersten Lokals, das sich in Jerusalem auf Cocktails spezialisiert hat. Schon der Eingang, schwer genug zu finden in dem großen Eckgebäude, führt verwirrenderweise nur in einen kleinen Raum mit Empfangstresen und Garderobe. Dann aber wird eine als Bücherregal drapierte Tapetentür zur Seite geschoben – ganz im Geiste der Prohibitionszeit in den USA, wo sich die illegalen »Speakeasy«-Lokale hinter allerlei Kulissen versteckt befanden.

Mit der zinnverkleideten Decke, den stilvollen Art-déco-Leuchten und -Spiegeln sowie den klassischen Barhockern ist das Interieur eine gelungene Hommage an die wilden 20er Jahre, eingefangen im »Great Gatsby« von Scott Fitzgerald. Auch die Hintergrundmusik – oft Swing und Jazz – stammt oft aus den 20er und 30er Jahren. Zuweilen geben Bands Livekonzerte, die zum Stil des Hauses passen. Für Raucher gibt es einen separaten Raum.

Hinter den Bartresen der eleganten Lounge bedienen erfahrene und sichtlich engagierte Bartender, die mehr als ein Dutzend eigener Cocktail-Kreationen und natürlich die Klassiker offerieren. Zu den Neuschöpfungen gehören eigenwillige Cocktails wie der »Crossroad«, wobei Irish Whiskey mit Feigenmarmelade, Agavensirup und Zitrone gemixt und mit geräuchertem Rosmarin angereichert wird. Wer möchte, dem mixt der Barmann auch etwas nach thematischen oder alkoholischen Vorgaben. Bemerkenswert sind die kleinen Gerichte, ambitionierte Kreationen aus einer Crossover-Küche mit japanischen, israelischen und peruanischen Einflüssen. Die Besitzer möchten in Jerusalem eine Cocktail-Kultur etablieren. In der Tat gibt es in Israel traditionell kaum eine Trinkkultur. In den ersten Jahrzehnten ging es vor allem ums Überleben und Aufbauen, um hehre Ideale und politische Visionen. Es wurde einfach wenig Alkohol getrunken – insbesondere im religiösen Jerusalem.

Adresse Gatsby Cocktail Room, Hillel Street 18, Jerusalem 9458118, Tel. 054/8147143, www.facebook.com/GatsbyJerusalem (Eingangstür am Ende der Terrasse vor dem Café Aroma) | **ÖPNV** Straßenbahn, Haltestelle Yaffo Center; Bus 7, 13, 19, 22, 77, Haltestelle King George / Ben Yehuda | **Öffnungszeiten** täglich 18 – 3 Uhr | **Tipp** Eines der seit zwei Jahrzehnten populärsten italienischen Restaurants in Jerusalem ist die »Focaccia Bar«, die sich gleich um die Ecke von »Gatsby's« befindet. Hier gibt es klassische italienische Spezialitäten (Rabi Akiva 4, Tel. 02/6256428, www.bar.focaccia.co).

36 Das Gefängnismuseum

Alles authentisch – sogar der Fluchttunnel

Der niedrige, fensterlose Henkersraum mit dem Galgen und der Klappe im Holzboden hat nichts von seiner beängstigenden Düsterkeit verloren. Daneben befinden sich die kargen Todeszellen, in denen die Verurteilten auf die Vollstreckung warten mussten. Heute ist das frühere britische Zentralgefängnis, in dem vor allem zionistische Untergrundkämpfer inhaftiert waren, ein Museum. Hingerichtet wurden hier aber vor allem arabische Gefangene. Die britischen Mandatsherren schickten zum Tode verurteilte Juden in ein Gefängnis in Akko, um sie nicht in der Heiligen Stadt hinrichten zu müssen.

Das »Underground Prisoners Museum« wirkt, als ob die Haftanstalt erst gestern verlassen worden wäre. Dank der großen Detailliebe und der Authentizität der Räume, Gerätschaften und des Mobiliars erhält der Besucher eine sehr lebendige Vorstellung von der brutalen Atmosphäre jener Jahre, als die Kämpfer der Zionisten von Haganah, Irgun und Lechi / Gruppe Stern den Boden für die Konstituierung des jüdischen Staates schufen.

Bevor die britischen Mandatsherren das Gebäude auf dem russischen Anwesen in Jerusalem umfunktionierten, war es eine Herberge für Pilger und russische Frauen. Nachdem die Briten 1917 die Türken aus Jerusalem vertrieben hatten, machten sie aus dem weitläufigen Gelände mit dem großen Innenhof das Zentralgefängnis. Ende der 40er Jahre waren hier aber überwiegend zionistische Politiker, Aktivisten und Mitglieder der paramilitärischen jüdischen Organisationen hinter Schloss und Riegel.

Sogar das akkurat eingerichtete Zimmer des Gefängnisdirektors wirkt, als ob jeden Moment ein britischer Offizier hinter dem mächtigen Schreibtisch und dem altertümlichen Feldtelefon Platz nehmen könnte. Ebenso authentisch wieder hergestellt sind das Lazarett, die Bäckerei, die Bibliothek oder die Wachräume. Selbst einer der selbst gegrabenen Fluchttunnel ist zu besichtigen.

Adresse Rehov Mishol Hagvura 1, Jerusalem 9131401, Tel. 02/6233166 | **ÖPNV** Straßenbahn, Haltestelle City Hall; Bus 1, 6, 6a, 17, 19, 66, Haltestelle HaIriyah LRT | **Öffnungszeiten** So–Do 9–17 Uhr, Fr 10–13 Uhr | **Tipp** Die monumentale russisch-orthodoxe Dreifaltigkeitskirche befindet sich eine Straße weiter. Die um 1870 erbaute Kirche mit den vier massiven, achteckigen Türmen und den grünen Kuppeln gilt als ein Meisterwerk russischer Sakralarchitektur. Mit ihren vielen kostbaren Ikonen ist sie bis heute Ziel russischer Pilger (Moskva Square, geöffnet Mo–Fr 9–13 Uhr).

37 __ Das Geschichtskino

Mit der Zeitmaschine in die Antike und zurück

Eine faszinierende, virtuelle Reise durch 3.000 Jahre Geschichte Jerusalems bietet die »Zeitmaschine« im Mamilla-Einkaufszentrum. Der Reiseführer dieser unterhaltsamen Vorführung ist der Musical-Star Chaim Topol (»Anatevka« oder »Fiddler on the roof«). Mit allerlei optischen und akustischen Tricks und einer Mischung aus Theaterszenen, Originalfilmen, Bildern und Fotos wird knapp 40 Minuten die bewegte Vergangenheit der Stadt lebendig.

Die nachgestellten, historischen Schlüsselszenen in biblischen Zeiten – untermalt zuweilen von Verdi-Chören oder Mozartklängen – sind mit hervorragenden israelischen und amerikanischen Schauspielern besetzt. Die zuweilen humorvolle, sogar ironische Moderation erleichtert es sehr, den oft dramatischen und kriegerischen Ereignissen dieser »Edutainment« genannten Vorstellung zu folgen. Der angeschnallte Zuschauer – in zeitweise sich bewegenden und rüttelnden Kinosesseln – taucht vor dem riesigen Bildschirm und mit Kopfhörern versehen (in verschiedenen Sprachen, auch auf Deutsch) ein in die turbulenten Epochen der Propheten und der Könige David und Salomon, in die Zeit der Zerstörung des ersten und des zweiten Tempels oder in die der römischen Besatzung und der mittelalterlichen Kreuzzüge.

Die nicht sehr tiefgründig und sonderlich kritische Multimedia-Tour durch drei Jahrtausende endet mit den authentischen Aufnahmen der Unabhängigkeit des modernen Israel, der Reihe arabisch-israelischer Kriege und schließlich der Wiedervereinigung Jerusalems nach dem Sechstagekrieg. Respektvoll gegenüber allen drei monotheistischen Religionen spiegelt die Vorführung – durchaus auch für kindliche Zuschauer (ab fünf Jahren) geeignet – die israelische Geschichtsauffassung wider. Der »Time Elevator« bietet unregelmäßig auch andere Filme mit der gleichen Technik an. Dazu gehören auch eine virtuelle Reise ins Weltall und die Schilderung unseres Sonnensystems.

Adresse Yitshak Kariv Street 6, Jerusalem 9410606, Tel. 02/26248381, www.time-elevator.co.il | **ÖPNV** Bus 13, 19, 104, 105, 108, 115, 284, 480, 755, Haltestelle Mamilla/Agron Street | **Öffnungszeiten** So–Do 10–17.20 Uhr, Fr 10–14 Uhr | **Tipp** Das Jaffa-Tor führt von der Neustadt in das christliche Viertel. Der Weg durch das 1538 von Süleyman I. errichtete Tor beschreibt eine 90-Grad-Kurve, um schnelle Angriffe von Feinden zu verhindern. Der Platz vor dem Tor, direkt vom Einkaufszentrum aus zugänglich, ist ein beliebter Ort bei Straßenmusikern und Künstlern.

38___Die »Glen Whisky Bar«

Pub mit eigenem Whisky und Bier

Barbesitzer Leon Shwartz liebt erklärtermaßen den Alkohol. Weil es ihm vor allem Whisky angetan hat, gibt es hier fast 400 Marken aus aller Welt, zwei davon sind aus Israel. Auf der liebevoll gestalteten Getränkekarte dominieren die Malts aus Schottland, darunter »Special Editions« und Raritäten wie ein 37 Jahre alter »Port Ellen ex Sherry«. Inzwischen genießt die »Glen Whisky Bar« international einen guten Ruf und wird in Bar-Führern hoch gelobt; deshalb laden zuweilen Whisky-Destillerien zu Vorträgen und Präsentationen in die Bar ein.

Aber die kleine Bar mit einer langen Theke und einer hölzernen Empore bietet neben einer reichen Auswahl an Spirituosen aus aller Welt auch 20 Biere vom Fass. Darunter sind allein neun israelische Craft-Biere, zudem Marken aus Tschechien, Deutschland und England. Die Spezialitäten des Hauses sind ein selbst gebrautes Bier, das mit Whisky und Honig angereichert in Eichenfässern gereift ist, und eine Art Met mit Ingwer. Zu essen gibt es Burger und »Shepards Pie«, Pasta und Snacks.

Mittwochs spielen Live-Bands oder Solisten, die Bandbreite reicht von Rock, Blues bis hin zu Jazz und Folkmusik. Festtage werden gefeiert, wie sie fallen: Am schottischen Tartan Day oder am irischen St. Patrick's Day wird den Bieren und Whiskys der jeweiligen Länder zugesprochen, manche Gäste erscheinen angemessen im karierten Schottenrock oder von Kopf bis Fuß in irischem Grün.

Ungewöhnlich für Jerusalem hat diese Bar sieben Tage in der Woche geöffnet, geschlossen wird oft erst um vier oder fünf Uhr morgens. Bei Shwartz geht es leger zu, es gibt keine Kleidervorschriften, und überhaupt spielt Toleranz eine große Rolle. Auch deshalb ist das Lokal ein beliebter Ort für die ungewöhnlichsten Typen. Musikalisch spürt man die Vorliebe der professionellen Barkeeper Tom Castel and Shmuel Naky für klassischen Rock und Blues.

Adresse Queen Shlomtzion Street 18, Jerusalem 94146, Tel. 054/901007, www.facebook.com/glen.w.bar | **ÖPNV** Bus 13, 19, 104, 105, 108, 115, 284, 480, 755, Haltestelle Mamilla / Agron Street | **Öffnungszeiten** Mo–So 19–4 Uhr | **Tipp** Das zweigeschossige Café Caffit schräg gegenüber in der kleinen Fußgängerzone mit Tischen vor der Tür gilt als Treffpunkt der Jerusalemer Prominenz. Es gibt selbst gemachte Pasta, verschiedene Sorten von Pizza und Flatbreads (Emek Refa'im Street 36, So–Do 7.30–1 Uhr, Fr 7.30–20 Uhr, Sa 18.30–1 Uhr, Tel. 02/5635284).

39 — Das Grab Rachels

Jüdisches Heiligtum wie im Hochsicherheitstrakt

Der erbitterte Konflikt zwischen Israelis und Palästinensern ist an wenigen Stellen greifbarer als an dieser Synagoge mit dem Grab Rachels, das sich von israelischen Soldaten schwer bewacht zwischen zehn Meter hohen Betonmauern und von Stacheldrahtzäunen umgeben am Rande Bethlehems befindet. Schriften aus den ersten Jahrhunderten nach Christus zufolge befindet sich hier das Grab der Lieblingsfrau des jüdischen Erzvaters Jakob und der Mutter von zweien seiner zwölf Söhne.

An Rachels Grab beten Juden traditionell für die Erfüllung ihrer Wünsche und bitten um Hilfe bei besonderen Anliegen. Rachels Tränen sollen Wunder bewirken, deshalb bitten die Gläubigen die Erzmutter zu weinen, um damit für sie bei Gott zu vermitteln. Frauen erhoffen sich hier Fruchtbarkeit. Das kleine Kuppel-Bauwerk mit dem alten Olivenbaum davor gilt seit mindestens 1.700 Jahren als Symbol jüdischer Identität.

Die UN-Kulturbehörde UNESCO hatte 2010 dem Antrag islamischer Staaten stattgegeben, das Grab auf der Liste des Weltkulturerbes mit einem arabisch-hebräischen Doppelnamen als Moschee zu bezeichnen: »Bilal Bin Rabah-Moschee / Grab der Rachel« heißt demnach der drittheiligste Ort des Judentums. Die israelische Regierung reagierte empört, 2017 setzte sie dann ihre Drohung um, und Israel verließ, wie zuvor schon die USA, die Weltorganisation wegen deren angeblich krasser Parteilichkeit und Feindseligkeit gegenüber Israel.

Das heute sichtbare, mehrfach umgebaute Mausoleum stammt aus der osmanischen Zeit und wurde auf dem Boden eines christlichen und muslimischen Friedhofs errichtet. Als der zionistische Pionier Moses Montefiore 1841 die Schlüsselgewalt für die jüdische Gemeinde erwarb, ließ er eine islamische Gebetsnische anbauen, um Befürchtungen der Muslime, die Juden könnten sich das Grab ganz aneignen, entgegenzuwirken. Denn auch für Muslime, ebenso für Christen, gilt das Grab als heiliger Ort.

Adresse Hebron Road, Bethlehem | **ÖPNV** Bus 163, auch Sonderbusse von Reise-
veranstaltern, die von unterschiedlichen Orten, meistens Hotels, starten | **Öffnungszeiten**
So–Mi 0.30–22.30 Uhr, Do 24 Stunden geöffnet, Fr drei Stunden vor dem Schabbat, Sa
eine Stunde nach dem Ende des Schabbats | **Tipp** Das palästinensische Naturkunde-
museum befindet sich 300 Meter weiter; gezeigt werden regionale Fauna und Flora sowie
moderne ökologische Projekte. Das Museum ist Teil des palästinensischen Instituts für
Nachhaltigkeit und Biodiversität an der Universität Bethlehem (Tel. 02/2773553, Mo–So
8–20 Uhr).

40 Das Gush-Katif-Haus

Museum der radikalen Zionisten

Es gibt Israelis, die von Groß-Israel träumen. Manche Orthodoxe und Siedler glauben nicht an eine friedliche Koexistenz mit den Palästinensern und den arabischen Nachbarstaaten, sondern streben ein »Eretz Israel« (vollständiges Land Israel) an, das auch in den Libanon und in andere Gebiete reicht. Ein Haus, in dem sich die Gedankenwelt und Argumentation der Radikalen spiegelt, ist das Gush-Katif-Museum, betrieben von der radikal-zionistischen Organisation.

Hier geht es um das Schicksal der 8.000 jüdischen Siedler von Gush Katif, die 2005 ihre Häuser im Gazastreifen verloren. Nachdem der damalige Ministerpräsident Ariel Scharon den Abzug aus dem Gazastreifen durchgesetzt hatte, ging das israelische Militär teilweise mit Gewalt gegen erboste Siedler vor. Die Frage spaltete damals die israelische Gesellschaft quer durch die politischen Lager.

Die Ausstellung dokumentiert, wie die Menschen in den 21 jüdischen Siedlungen binnen 48 Stunden den Gazastreifen verlassen mussten. Damit endete auch nach 38 Jahren die Präsenz Israels im Gazastreifen. Die Palästinenser feierten den Abzug begeistert. Im Museum werden die dramatischen Folgen des Rückzugs gezeigt: Bei Auseinandersetzungen unter den palästinensischen Organisationen starben im Gazastreifen binnen Wochen Hunderte Menschen, die hinterlassenen Synagogen gingen in Flammen auf. Raketenangriffe und Anschläge auf Israel nahmen zu. Für die radikalen Zionisten sind das Belege dafür, dass jeder Rückzug als Schwäche ausgelegt wird, kein Schritt zu einer friedlichen Lösung.

Das Museum zeigt auch, dass Gaza historisch ebenfalls eine israelische Vergangenheit hat, angefangen in der Zeit Salomons. Das Museum, das betont, keine politische Ausrichtung zu haben, präsentiert mit seiner multimedialen Dokumentation und seinen Kunstwerken eine recht einseitige Sicht der Dinge, aber auch einen wichtigen Aspekt des Streits um den Weg zum Frieden.

Adresse Sha'arei Tsedek Street 5, Jerusalem 9436011, Tel 02/6255456,
www.en.gushkatifmuseum.com | ÖPNV Straßenbahn, Haltestelle Mahane Yehuda;
Bus 8, 18, 25, 32, 74, 77, 78, Haltestelle Shukanyon Agripas | Öffnungszeiten So–Mo
10–18 Uhr, Fr 10–14 Uhr | Tipp Der »BeerBazaar« auf dem Mahane-Yehuda-Markt gilt
als Hotspot. Die kleine Kneipe bietet 100 verschiedene Craft-Bier-Sorten vor allem von
israelischen Mikro-Brauereien an und produziert auch zwei eigene Biere (Rehov Ets
Khayim 3, Mahane Yehuda Market, Tel 02/6712559, So–Mi 11–2 Uhr, Do 11–3 Uhr,
Fr 9.30–17 Uhr, Sa 20.30–2 Uhr).

41_Das HaMazkeka
Grenzüberschreitende Kunst und Schnaps

Mikael Berkowitsch sucht in seinem ehrgeizigen Non-Profit-Projekt auch eine Verbindung von Kunst und Schnaps – beides liegt ihm spürbar am Herzen. »HaMazkeka« bedeutet »Die Destillerie« und verweist auf die Ambitionen des Machers, eigene Schnäpse zu brennen – die man in dem Lokal auch genießen kann. Im Fokus des gemeinnützigen Zentrums etwas abgelegen hinter dem Hauptpostamt steht allerdings »zeitgenössische und interdisziplinäre Kunst«.

Seit 2014 bietet es eine Bühne für innovative, meist junge Musiker, Filmemacher, Medienkünstler und Theaterleute. Ein »Labor- und Kreationsraum« soll HaMazkeka sein – wer es besucht, befindet sich aber zunächst einmal in einem sehr lebendigen Lokal mit lauter Musik, wobei oft Dutzende von Gästen vor der weit geöffneten Tür stehen und trinken.

Das Projekt hat allerdings auch ernsthafte, ambitionierte Ziele. Es bietet Künstlern nicht nur eine öffentliche Bühne, sondern eröffnet mit einem kleinen, aber professionellem Tonstudio und einem Workshop-Raum Möglichkeiten für künstlerische Produktionen und Kollaborationen. Berkowitsch, der einer deutschen Familie entstammt, will besonders »aufstrebende und unterbewertete« Künstler finden und unterstützen. Zudem sollen hier auch etablierte Künstler einen Ort haben, wo sie kreativ und grenzüberschreitend allein oder mit anderen neue Formen und Wege erproben können. HaMazkeka möchte so etwas wie ein Kunstlabor sein. Auch wenn hier ganz unterschiedliche Künstler arbeiten und auftreten, so steht doch oft die Musik – von Rock und Rap bis zu Jazz und Electronic – im Vordergrund.

Mikael Berkowitsch, der selbst Musiker ist, hatte sich vor allem vom berühmten »The Stone« im East Village / New York inspirieren lassen, wo er von der experimentellen Musik-Performance begeistert war. Die »Jerusalem Post« nannte das Projekt ein »wertvolles kleines Juwel« für die Kunstszene der Stadt.

Adresse Shoshan Street 3, Jerusalem 9414303, Tel. 02/5822090, www.mazkeka.com | **ÖPNV** Straßenbahn, Haltestelle City Hall; Bus 1, 17, 18, 38, 83a, Haltestelle Kikar Safra | **Tipp** Das alte Rathaus mit Bauhaus-Elementen, das noch immer von der Stadt genutzt wird, liegt am Ende der Yaffo Street gegenüber der Altstadt. Es war 1930 von den Briten gebaut worden, die Einschusslöcher an der Fassade verweisen auf die Grenzlage des Gebäudes bis 1967 (Safra Square).

42 Das Hamiffal

Alternative Projekte und wilde Kunst

Das etwas verwitterte Gebäude im historischen Viertel Ma'aravim wirkt beim Betreten wie das riesige, phantasievoll mit Postern, Skulpturen und Gemälden ausgestattete, etwas anarchische Haus einer Wohngemeinschaft von Musikern, Schauspielern, Malern, Autoren, Bildhauern und Handwerkern. Mitten zwischen den großen und hohen, unorthodox eingerichteten Räumen mit alten Sofas und anderem, in die Jahre gekommenem Mobiliar befindet sich ein geschmackvoll eingerichtetes Café-Restaurant – mit einer kleinen Bar und zahlreichen vegetarischen Angeboten auf der Karte.

Das Hamiffal ist das sechste und größte Projekt der 2011 gegründeten privaten Initiative »Empty Houses« (leere Häuser), die ungenutzte Bauten sucht und diese – oft mit massiver Hilfe der Stadt – in alternative Kunst- und Kulturzentren verwandelt. Im Gegensatz zu anderen Projekten ist das Hamiffal, grob übersetzt »die Fabrik«, zeitlich nicht begrenzt.

Alle Formen der Kunst sollen hier Platz finden. Das Haus aus dem 19. Jahrhundert und der große Garten sind eine einzige große Bühne, gleichzeitig Werkstatt und Atelier. Es gibt Workshops, Tanz und Theater, Aufführungen und Vorträge, oft Rock- und Jazz-Konzerte. Für die Gäste sind die Veranstaltungen in der Regel umsonst. Ohnehin herrscht hier das Prinzip, dass jeder, der mitmachen möchte, willkommen ist, jeder, der eine Idee umsetzen will, die Chance erhalten soll. Grundsätzlich können auch ausländische Besucher mitmachen, wobei es bei den verschiedenen Arbeits- oder Projektgruppen unterschiedliche Bedingungen gibt.

Hamiffal ist eines der zahlreichen privaten und staatlichen Projekte, die die Attraktivität Jerusalems vor allem für junge Menschen zu steigern versuchen. Die Stadt wird immer mehr eine blühende Kunst- und Kulturmetropole, um in der Konkurrenz zu dem nur 65 Kilometer entfernten Küstenmagneten Tel Aviv mit seinen weißen Stränden und seinem aufregenden Nachtleben bestehen zu können.

Adresse Hama'aravim Street 3, Jerusalem 9418419, www.hamiffal.com/english, www.facebook.com/hamiffal | **ÖPNV** Bus 18, 38 Haltestelle Mamila / Agron Street | **Öffnungszeiten** So–Do 12–23 Uhr, Do 12–16 und 20–23 Uhr | **Tipp** Das Hotel Waldorf Astoria, 2014 aufwendig restauriert, befindet sich in einem über 100 Jahre alten Gebäude, in dem früher das legendäre und luxuriöse »Palace Hotel« war. Der dreistöckige Bau mit einer gewölbten Fassade weist römische, maurische und arabische Stilelemente auf, aber auch der Stil des Art déco (um 1920) ist unübersehbar (Gershon Agron Street 26–28).

43 Die Harfenbrücke

Star-Architekt Calatrava biblisch inspiriert

Jerusalem hat viele weltbekannte Monumente. Die 2008 eingeweihte Hängebrücke des spanischen Architekten Santiago Calatrava allerdings gilt als das einzig moderne Wahrzeichen der Heiligen Stadt. Viele Einwohner waren skeptisch, ob die kühne, futuristische Konstruktion zu ihrer Stadt mit den vielen Heiligtümern, diesem Ort voller antiker Bauwerke und Ruinen passe. Der Herausgeber einer israelischen Architekturzeitschrift kritisierte die spektakuläre Brücke, die an eine weiße Harfe erinnern soll, als ein »Monster, das das Ego des Architekten und nicht die Stadt Jerusalem repräsentiert«.

Inzwischen sind die meisten Jerusalemer stolz auf das filigrane Bauwerk, das von 66 weißen Stahlkabeln getragen wird, aufgehängt an einem 118 Meter hohen weißen Stahlmast. Die Brücke wird im Volksmund »Davidsharfe«, »Segel« oder »Spinnennetz« genannt. Calatrava hatte sich beim Entwurf des Baus vom biblischen Psalm 150 inspirieren lassen, in dem es heißt: »Lobt IHN mit Posaunen, lobet IHN mit Psalter und Harfen.« Auch deshalb konnten die vielen orthodoxen Anwohner in der Nachbarschaft die außergewöhnliche Architektur leichter annehmen.

Die 49 Millionen Euro teure Brücke wurde vor allem für die (bisher einzige) Straßenbahn Jerusalems gebaut, die seit 2011 quer durch die ganze Stadt von Westen nach Osten führt. Aber auch Fußgänger können die 360 Meter lange, gekrümmte Konstruktion benutzen.

Zunächst hatte die Stadt eine einfache Betonbrücke geplant. Schließlich entschied sie sich aber für die viel teurere Variante, um die Gegend aufzuwerten. Denn hier kreuzen sich Schnellstraßen, die angrenzenden Viertel sind geprägt von schlichten, modernen Wohnblocks und Hotels sowie von Gebäuden von Behörden.

Besonders faszinierend ist der Blick auf die 450 Tonnen schwere Konstruktion am westlichen Ortseingang Jerusalems in der Nacht, wenn die Calatrava-Brücke farbenprächtig mit LED-Effekten illuminiert wird.

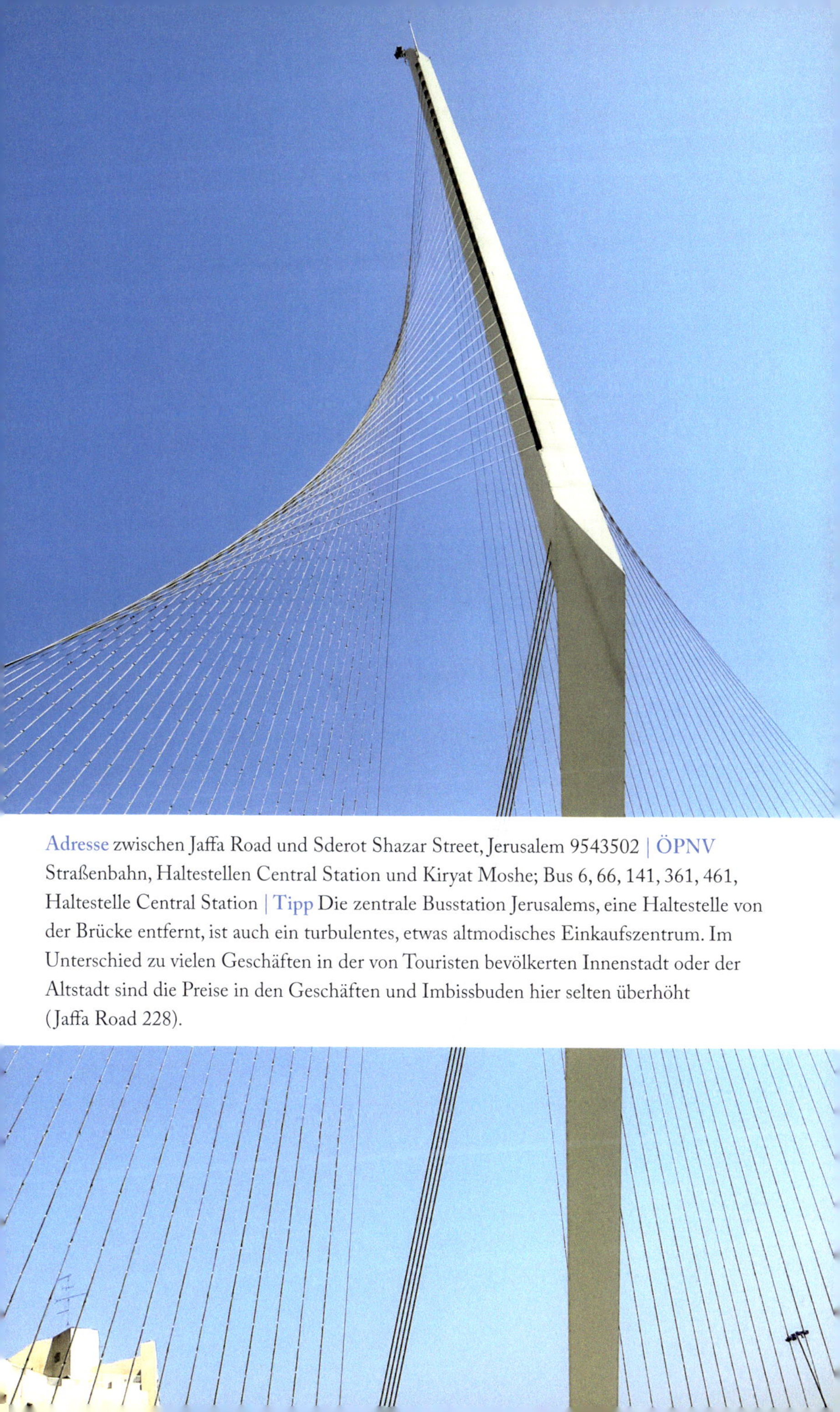

Adresse zwischen Jaffa Road und Sderot Shazar Street, Jerusalem 9543502 | **ÖPNV**
Straßenbahn, Haltestellen Central Station und Kiryat Moshe; Bus 6, 66, 141, 361, 461,
Haltestelle Central Station | **Tipp** Die zentrale Busstation Jerusalems, eine Haltestelle von
der Brücke entfernt, ist auch ein turbulentes, etwas altmodisches Einkaufszentrum. Im
Unterschied zu vielen Geschäften in der von Touristen bevölkerten Innenstadt oder der
Altstadt sind die Preise in den Geschäften und Imbissbuden hier selten überhöht
(Jaffa Road 228).

44__Das Haus der Künstler

Sehnsuchtsort der israelischen Avantgarde

Wer es als ehrgeiziger junger Künstler in dieses Haus geschafft hat, ist meist sehr glücklich. Denn das »Artist's House« gilt als erster Schritt zur Anerkennung und als ideales Sprungbrett in den schwirigen Kunstmarkt Israels, wo unzählige Talente miteinander konkurrieren. Um hier arbeiten und ausstellen zu können, bedarf es der Zustimmung des Hausherrn sowie des Verbands der Maler und Bildhauer Jerusalems.

Das 1890 von den Osmanen in dem damals üblichen, wuchtigen Stil erbaute Steingebäude beherbergte früher das Bezalel-Nationalmuseum, Vorläufer des Israel-Museums, und die nationale Kunstakademie Israels, die »Bezalel Arts Academy«. Seit 1965 ist das Haus im Stadtteil Nahlaot Heimstätte der lokalen Künstlervereinigung, die aus dem Gebäude einen sehr lebendigen Ort für zeitgenössische Kunst geschaffen hat, in dem es auch viele Jazz-Konzerte und Vorträge gibt. Junge Talente nutzen die schönen Räumlichkeiten als Kunstlabor und als Zentrum für Einzel- oder Gruppenausstellungen. Besucher können den Malern, Fotografen, Zeichnern, Bildhauern und Installationskünstlern bei der Arbeit zuschauen.

Die mehrfach im Jahr wechselnden Ausstellungen präsentieren vor allem junge, avantgardistische Künstler aus Israel, aber auch aus dem Ausland – zudem gibt es Retrospektiven bereits renommierter Künstler. Zum Künstlerhaus gehören auch eine ambitionierte Galerie und ein sehr erfolgreiches Restaurant. Die Hanagid-Galerie zählt inzwischen zu den wichtigsten Kunstgalerien Israels. Sie zeigt neben Werken von derzeit besonders angesagten Künstlern auch Arbeiten junger Talente, die relativ günstig erworben werden können.

Zum Künstlerhaus gehört auch das beliebte Gourmet-Restaurant »Mona«. Das elegante Lokal im Erdgeschoss besitzt eine gut bestückte Bar und einen im Winter flackernden Kamin. Einige Tische sind auch im malerischen Garten des »Artist's House« aufgestellt.

Adresse Shmuel Hanagid 12, Jerusalem 9270200, Tel. 02/6253653, www.art.org.il | **ÖPNV** Bus 7, 9, 17, 19, Haltestelle Bezalel/Trumpeldor | **Öffnungszeiten** Mo–Do 10–18 Uhr, Di 14–20 Uhr, Fr 10–13 Uhr, Sa 11–14 Uhr; Galerie: So–Do 9–16 Uhr, Fr 9–13 Uhr; Restaurant (Tel. 02/6222283): So–Do 18.30–1 Uhr, Fr 12.30–16.30 Uhr, Sa 12.30–1 Uhr | **Tipp** Die Galerie »Agripas 12«, etwa 400 Meter entfernt, ist das Projekt einer privaten Kooperative von 18 Künstlern, die ein internationales Künstler-Netzwerk als Gegengewicht zum »kommerziellen« Kunstmarkt schaffen will. Es gibt monatlich wechselnde Ausstellungen, Vorträge und Diskussionsveranstaltungen (Agripas Street 12, Mo–Do 16.30–19.30 Uhr, Fr–Sa 11–14 Uhr, www.agripas12gallery.com).

45 Das Haus der Witwe Levy

Der erste »Wolkenkratzer« Jerusalems

Das kleine Viertel Nahalat Shiva entstand in der zweiten Hälfte des 19. Jahrhunderts. Angesichts des jüdischen Einwanderungsstroms bot die überfüllte Altstadt kaum noch Wohnraum. Juden kauften deshalb von Arabern Grundstücke außerhalb der Stadtmauern. Allerdings waren die neuen Häuser wegen arabischer Überfälle in einer prekären Lage. Zu Beginn wurden die Neubauten tagsüber als Werkstätten genutzt, nachts schliefen die Handwerker in der Altstadt. Schließlich wurden Wohnsiedlungen mit ein- und zweigeschossigen Häusern und einem kleinen Innenhof errichtet. Zum besseren Schutz wurden sie dicht an dicht und gleich einer Burg rund um einen großen, zentralen Platz errichtet.

Eines der gut erhaltenen Hofviertel ist das Even Yisrael im Stadtteil Nahlaot, das 1875 entstand. Hier steht auch das etwas klobige Gebäude mit den vorspringenden Obergeschossen, das der amerikanischen Millionärin Rebecca Levy gehörte und das »Haus der Witwe« genannt wurde. Die Jerusalemer sahen in dem dreistöckigen Bau den ersten »Wolkenkratzer« ihrer Stadt. Frau Levy galt als extravagant. Sie war dreimal verheiratet: Ihr erster Mann, ein Mexikaner, starb, ohne dass sie Kinder hatten. Dann zog sie mit dem Juden Levy nach Jerusalem und brachte elf Kinder zur Welt. Als der das Zeitliche segnete, heiratete sie bereits als ältere Frau in den USA erneut einen Mexikaner.

An diesem 2004 schön renovierten historischen Platz befanden sich früher ein rituelles Bad, Zisternen und ein Gemeinschafts-Backofen. Bei den Erneuerungsarbeiten wurde auch ein kleines Amphitheater integriert. Nahalat Shiva gehört zum städtebaulichen Projekt »Pictures in Stone« (Bilder in Stein). Seit 2008 illustrieren und beschreiben historische Fotos und Tafeln in drei Hofvierteln Nahlaots die Geschichte der Häuser. Sie dienen heute noch oft als Wohnhäuser, es gibt hier aber auch viele kleine Ateliers, Galerien und Cafés.

Adresse Even Yisreal zwischen Jaffa Road, Even Yisrael Street, Agrippas Street und Baruchoff Street; Haus der Witwe Levi: King David Street 26, Jerusalem 9195000, Tel. 02/5692694 | **ÖPNV** Straßenbahn, Haltestelle Yaffo Center; Bus 7, 13, 17, 19, 22, 32, 34, 71, 72, 74, 75, 77, 78, 103, 209, 211, 267, 755, Haltestelle Agripas Street | **Tipp** Im kleinen Park Gan Ha'Sus, einer Oase in der hektischen City, gibt es am Samstag einen Flohmarkt mit Schmuck, Kleidern, Keramik und Antiquitäten. Zudem steht hier die lebensgroße Plastik eines schwarzen Pferdes: Das »Veneti Friedenspferd« des Bildhauers Oskar Kogoj ist ein Geschenk Sloweniens zum 3.000. Geburtstag Jerusalems (King George Street 18).

46 Das Haus von Issa 6

Basketball-Idol der christlichen Araber

»Issa ist der Name, Basketball das Spiel« ist die Aufschrift auf manchen Plakaten in den Gassen des christlichen Viertels nahe des Jaffa-Tors. Hier befindet sich das Elternhaus des Basketballprofis, der in den Profi-Ligen Israels, Griechenlands und den USA reüssierte, ohne ein großer Star zu werden – zu Hause aber wurde er für manche zum Idol. Die Inschrift am Ort seiner Kindheit erinnert an die Geschichte des Issa Kassissieh, die auch das moderne Schicksal der christlichen Araber in Jerusalem spiegelt.

Der Sohn eines Steinmetzes entdeckte seine Freude am Basketball mit neun Jahren. Als Basketballkorb nutzte er einen alten Autoreifen, den er an die Stadtmauer hing. Zuweilen unterhielt er Passanten mit Tricks und dem Jonglieren von Bällen. Issa trainierte hart, hatte Talent und war beweglich. Als junger Mann wurde er rasch Mitglied der palästinensischen Nationalmannschaft. Kassissiehs traditionsreiche Familie – der Name bedeutet »Angehöriger eines Priesters« – gehört zur schwindenden Zahl arabischer Christen in der Altstadt. Für die wurde Issa zu einem Idol. Plakate mit »Issa 6« vor der Skyline Jerusalems, auf denen der Spieler einen Basketball auf dem Kopf balanciert, waren Ende der 90er Jahre überall im christlichen Viertel zu sehen. »Wir lieben dich Issa« schmierten Fans sogar auf Kirchenwände.

Aber »Issa 6« wurde nie ein Idol aller Palästinenser, die durchaus sportbegeistert sind. In Jerusalem erklären das einige mit seinem christlichen Hintergrund. Zuweilen stehen an den Häusern direkt neben den Slogans für Issa 6 auch Parolen wie »Betet für die Priester in Jerusalem«. Sie verweisen auf die wachsenden Probleme der christlichen Minderheit.

Heute lebt der frühere Profisportler, der nach wie vor weder trinkt noch raucht, relativ zurückgezogen in Jerusalem. Er trainiert zwar junge Basketballspieler, aber der lokale Verein kann ihn dafür nicht bezahlen.

Adresse Greek Patriarchate Street 6, Jerusalem 97300 | **ÖPNV** Straßenbahn, Haltestelle
City Hall, Eingang Jaffa-Tor, vom Tor aus gesehen zweite Straße links | **Tipp** Im Museum
des griechisch-orthodoxen Patriarchats finden sich zahlreiche Reliquien, Sarkophage,
Grabsteine, Lampen, Reliefskulpturen, Münzen, Reliquien, Ikonen, Triptychen, Kelche und
religiöse Gewänder (Greek Catholic Patriarchate Street).

47_Der Havilio-Platz
Zentraler Platz der Kneipenszene

Kein Stadtteil in Jerusalem gilt als Vergnügungsviertel. Am ehesten ballen sich Lokale noch am Mahane-Yehuda-Markt sowie rund um den Havilio-Platz mit Dutzenden von Cafés, Bars, Kneipen und Biergärten, ruhigen Familienrestaurants und angesagten Clubs, vor denen sich nachts Schlangen wartender junger Leute bilden.

Auf dem Platz und in den umliegenden Gassen haben die meisten Lokale einen großen Außenbereich mit geschmackvollen Holztischen und Stühlen. Vor allem an warmen Sommerabenden – die es hier von Mai bis Oktober gibt – geht es lebhaft und fröhlich zu. Nicht selten singen junge Leute lautstark mitreißende israelische Lieder, in die auch Gäste in den Nachbarlokalen einstimmen. Manchmal lässt sich an schweren Duftschwaden erkennen, dass hier viel gekifft wird. Es gibt in der Knesset Initiativen, das bisher nur auf medizinische Verschreibung zugelassene Marihuana allgemein zu legalisieren.

Platzhirsch auf der »Havilio« ist die »Gent Kitchen & Bar«, die draußen die meisten Tische hat. Drinnen erwartet einen ein klassischer Pub mit langer Bar und Großbildschirm an der Wand für Sport-Übertragungen. Gegenüber befindet sich das »Alma«, ein gehobenes Familienrestaurant mit israelischer Küche, um die Ecke die »Bell Wood Bar«, holzgetäfelt, mit englischer Pub-Atmosphäre und 100 Whisky-Sorten zur Auswahl. Am turbulentesten geht es oft im Ecklokal »Zoli's Pub« zu, einer soliden Bierkneipe mit langen Tischen vor der Tür. Der Pub ist mit seinen moderaten Preisen vor allem bei jungen Leuten beliebt.

Vom Havilio-Platz gehen zwei Straßen ab, beides Fußgängerzonen. In der schmalen Josef Rivlin Street stößt man auf kleine Lokale, Shisha-Bars und Clubs, darunter das »Berlin« und den populären Pub »Mike's Place«. In der breiten Shimon Ben Shatach Street befinden sich feine Restaurants wie das Fisch-Lokal »Sea Dolphin« oder das »Gabriel« mit französischer Haute Cuisine.

Adresse Havilio Square, Jerusalem 9424005 | **ÖPNV** Straßenbahn, Haltestelle City Hall | **Öffnungszeiten** täglich 18–1 Uhr | **Tipp** Der Mahane-Yehuda-Markt wird abends zu einer riesigen Kneipe und zum Jugendtreff. Nach Sonnenuntergang verwandelt sich der Lebensmittelmarkt mit seinen 250 Ständen und Läden zum Vergnügungsviertel, manche Läden räumen abends ihre Auslagen zur Seite und werden zur Kneipe.

48 Das Hinnomtal

Nonnen wachen über uralte Gräber

Dieses Tal war oft ein Ort der Angst. In der Schlucht im Süden der Jerusalemer Altstadt wurden in biblischen Zeiten von den Kanaanitern Kindesopfer erbracht. Der Prophet Jeremias verurteilte im Alten Testament diesen Kult und prophezeite, dass das Tal einmal »Tal des Schlachtens« genannt werden würde.

Später galt es als der Ort, an dem einmal das Jüngste Gericht stattfinden werde und die Gottlosen ihre Strafe finden würden. Hier befindet sich demnach der Eingang in die Unterwelt, in die Hölle. Jesus warnte vor diesem Tal und sprach allen vier Evangelisten zufolge von Gehenna als dem Ort der Hölle. Hier würden die sündhaften Menschen, die heuchlerischen Pharisäer, an Leib und Seele bestraft. Hinnoma sei »für die bis in Ewigkeit Verfluchten bestimmt; hier werden alle versammelt werden, die in ihrem Munde ungehörige Worte führen und die über seine Herrlichkeit Schlimmes sagen. Hier wird der Gerichtsort sein«, heißt es in den biblischen Schriften des Hennoch.

Heute ist das friedliche Tal zwischen Tempelberg und Ölberg, das in das Kidron-Tal im Süden übergeht, ein Erholungsgebiet mit Wiesen und Bäumen, zuweilen weiden Schafe auf den Grünflächen. Allerdings gibt es durchaus Hinweise auf die düsteren Legenden um dieses Tal.

An den felsigen Hängen südwestlich vom Berg Zion befinden sich Höhlen, die in der nachchristlichen Zeit in den Fels getrieben worden waren, um Tote zu bestatten. Wo heute das griechisch-orthodoxe Kloster St. Onuphrius steht, war der Überlieferung nach mit den 30 Silberlingen des reumütigen Jesus-Verräters Judas Ischariot Land für einen Friedhof für Fremde erworben worden. Auf diesem »Blutacker« genannten Feld soll auch Judas, der nach seinem Verrat Selbstmord beging, beerdigt sein. 1874 wurde das Kloster, teilweise unter Einbeziehung dieser Grabanlagen, gebaut. Heute kümmern sich die Nonnen des Klosters um den Erhalt der Gräber.

Adresse Hinnomtal oder Hinnoma Valley, im hebräischen Ge-Hinnom | **ÖPNV** Bus 1, 83a, Haltestelle Khanyon Givati / Ma'ale HaShalom | **Öffnungszeiten** Saint Onuphrius Monastery, Sommer: Di, Do 9–12 und 16–19 Uhr; Winter: 9–12 und 15–17 Uhr | **Tipp** Der biblische Siloah-Teich wurde 2004 zufällig bei Bauarbeiten entdeckt. Der Teich, an dem Jesus einen Blinden heilte, befand sich unter dem Garten der griechisch-orthodoxen Kirche, wo man die über 2.000 Jahre alte Stufen zu einem Wasserbecken fand.

49 Die Hühnerleiter

Für die Notversorgung der Grabeskirche

Die Holzleiter über dem Eingangsportal der Grabeskirche ist das sichtbarste Symbol für den erbitterten Streit christlicher Kirchen untereinander. Die jahrhundertealten Zwistigkeiten am Ort der Kreuzigung, Grablegung und Auferstehung Christi haben bis heute kaum etwas von ihrer Verbissenheit verloren. Deshalb halten sich alle an den zuletzt 1853 erneuerten, von den Osmanen festgeschriebenen Status quo. Darin wird dem armenisch-apostolischen Kloster auch das Recht auf die Leiter zugesprochen, die von einem Vorbau zum rechten Doppelfenster über dem Eingang führt.

Warum und seit wann sie dort steht, ist umstritten. Zeichnungen zeigen sie bereits 1728. Sie diente armenischen Mönchen dazu, sich mittels eines Korbes aus luftiger Höhe mit Essen zu versorgen, wenn nämlich die muslimischen Stadtherren – der Streitigkeiten unter den Christen überdrüssig – die Kirche einfach für alle verschlossen. Das Recht der Armenier auf die Leiter hat zur Folge, dass sie, sobald sie verrottet oder ramponiert ist, einfach wieder ersetzt wird.

Der Streit in der im 4. Jahrhundert erbauten und nach Zerstörungen im 11. Jahrhundert wieder errichteten Grabeskirche entzündet sich vor allem an der Frage, welche der sechs christlichen Konfessionen in ihr wann und wo Gottesdienste feiern darf. 1757 hatte der Sultan von Istanbul, Herrscher des Osmanischen Reiches, deshalb einen »Ferman«, ein Dekret, erlassen. Es regelt in der Kirche mit ihren zahlreichen Kapellen, Altären und Schreinen genaue Zuständigkeiten und Rechte – beispielsweise für Gottesdienstzeiten oder Prozessionen. Bei Konflikten zwischen den Geistlichen kommt es immer wieder auch zu Prügeleien, bei denen zuweilen schwere Kerzen oder auch Kreuze als Waffen eingesetzt werden.

Der »Status quo« darf nur im Einvernehmen aller geändert werden. Also bleibt die Leiter vermutlich bis zum Jüngsten Gericht dort, wo sie ist.

Adresse Sukh el-Dabbagha, Jerusalem 9114002 | **ÖPNV** Straßenbahn, Haltestelle City Hall, dann durch das Jaffa-Tor und über David Street und Christian Quarter Street zum Sukh el-Dabbagha | **Tipp** Die zeremonielle Tor-Öffnung und -Schließung der Grabeskirche erfolgt durch die Familien Nusseibeh und Dschudeh bei Sonnenauf- und Sonnenuntergang. Sultan Saladin hatte ihnen angesichts der zerstrittenen Christen vor mehr als 800 Jahren die Schlüsselgewalt über das Heiligtum übertragen.

50 Das Ishtabach

Kurdische Geheimrezepte im Orthodoxenviertel

Oren Sasson-Levi hatte die Geschäftsidee, sich mit dem Lieblings-rezept seiner Großmutter aus dem syrischen Kurdistan selbstständig zu machen. Heute ist das Ishtabach, mitten im überwiegend ortho-doxen Viertel nahe des Mahane-Yehuda-Marktes, ein Lieblingstreff vor allem für junge Leute.

Spezialität des Hauses ist das »Siske«, ein gebackener Brotfla-den, gefüllt mit gewürztem, 15 Stunden geschmortem Rinderhack, süßen Kartoffeln, karamellisierten Zwiebeln und Paprikaschoten. Neben verschiedenen »Shamburaks«, einer Art orientalischer Em-panada, gibt es zu den Gerichten Knoblauch-Mus, selbst gebrautes Bier und selbst gebrannten, besonders fruchtigen Arak. Natürlich ist alles koscher. Und vegetarische Varianten gibt es auch.

Der Name des Lokals bedeutet sowohl »Lobe den Herrn« als auch »Ein Mann, der kocht«. Das Ishtabach ist besonders für Nachtschwärmer geeignet, da das Lokal mit dem mächtigen Back-stein-Ofen im größeren der beiden Gasträume meist erst dann schließt, wenn alle Gäste gegangen sind. Zur Philosophie seines Restaurants gehört für Oren Sasson-Levi eine besonders freundli-che, herzliche Atmosphäre. Der gebürtige Jerusalemer, der wegen einer langwierigen, schweren Erkrankung zwei Monate im Koma gelegen hatte, möchte mehr als nur verköstigen – das Ishtabach soll ein heiterer Ort sein, wo sich Menschen schnell wohlfühlen und sich nahekommen.

Spät am Abend wird in dem in dieser Wohngegend etwas ver-steckt liegenden Ecklokal mit seinen langen Tischen und einigen Plätzen vor der Tür oft gesungen. Begeistert und fröhlich schmettern dann sowohl der Chef als auch der Kellner oder die Kellnerin – von denen mancher auch aus Deutschland oder Österreich kommt – ge-meinsam mit Gästen Pop- und Rock-Klassiker der Bee Gees, Stones oder Beatles. Vor allem, wenn junge Soldaten in Gruppen da sind, werden auch mal patriotische Lieder gesungen.

Adresse Hashikmah Street 1, Jerusalem 9432301, Tel. 02/6232997 | **ÖPNV** Straßenbahn, Haltestelle Mahane Yehuda; Bus 17, 18, 32, 66, 74, 78, 202, Haltestelle Mahane Yehuda/Agripas | **Öffnungszeiten** So–Mi 12–1 Uhr, Do 11–2 Uhr, Fr 11–14 Uhr, Sa 19.30–1 Uhr | **Tipp** Im Steuermuseum (Tax Museum) befindet sich eine originelle Sammlung aus der jahrtausendealten Geschichte der Steuererhebung. Ein Besuch ist nur nach Absprache möglich (Agripas Street 42, Jerusalem 9430125, Tel. 02/6257597).

51 Das Jerusalem-Modell

Architekturkunst von Conrad Schick

Wie Jerusalem zu Zeiten Salomons oder der Herrschaft Roms ausgesehen hat, lässt sich in den Ruinen von Bethesda oder in der Davidsstadt erahnen – aber nur Modelle des alten Jerusalem spiegeln die frühere Pracht der so oft zerstörten Stadt wider. Zu den spektakulärsten Modellen gehören die von Conrad Schick (1822–1901). Der deutsche Architekt und Archäologe hat vielfältige Spuren in Jerusalem hinterlassen: als Architekt in den Stadtteilen Mea Shearim und Rehovia und in der deutschen Kolonie. Zudem gilt er als einer der wichtigsten Archäologen des 19. Jahrhunderts in Jerusalem. Als Erbauer von Jerusalem-Modellen machte sich Schick, der in seiner Jugend auch handwerklich ausgebildet worden war, weltweit einen Namen.

Wichtige Arbeiten befinden sich im Paulushaus, der historischen Pilgerherberge des Deutschen Vereins vom Heiligen Land in Ost-Jerusalem, das allerdings die Briten zeitweise als Verwaltungsgebäude nutzten. In dem kleinen Museum im Untergeschoss des imposanten Baus befinden sich Modelle des Tempelbergs zu unterschiedlichen Epochen, sowohl zur Zeit der Antike als auch des 19. Jahrhunderts. Das damals zeitgenössische Modell von Tempelberg und Felsendom hatte Schick im Auftrag des osmanischen Sultans erstellt. Schicks feine Holzarbeiten erregten auf Ausstellungen weltweit Aufsehen. Der König von Württemberg erwarb ein Modell des Tempelbergs und erhob Schick für seine Verdienste in den Ritterstand. Die Besichtigung dieser Modelle ist oft Teil des Programms offizieller Staatsbesuche in Jerusalem.

Der fromme Christ Schick liebte Jerusalem. Als 24-Jähriger war er als Missionar hierhergekommen und hatte zum Broterwerb Kuckucksuhren verkauft. Sein großer Wissensdurst trieb ihn zum Selbststudium der Archäologie und Architektur. Er war an allen wichtigen archäologischen Arbeiten seiner Zeit beteiligt, so auch bei der Entdeckung der Siloah-Inschrift im Hiskija-Tunnel.

Adresse Paulushaus, Nablus Road 97, Jerusalem 9119001, Tel. 02/6267800, www.heilig-land-reisen.de/paulushaus-geschichte, www.facebook.com/pages/Paulus-Haus-Jerusalem | **ÖPNV** Straßenbahn, Haltestelle Damaskus-Tor | **Öffnungszeiten** Mo–Sa 10–17 Uhr | **Tipp** Der tägliche Markt auf der Nablus Road ist nicht so malerisch wie der muslimische Shuk in der Altstadt, wird aber von Einheimischen besucht. Hier gibt es frische Lebensmittel, Gewürze, Kleider, Lederwaren und Hausrat sowie Spielzeugwaffen aus Plastik.

52 Die Kapelle für Frieden

Ikone der Benediktinerinnen bei den Protestanten

Die kleine Friedenskapelle im südlichen Seitenschiff der Erlöserkirche steht für eine große Idee. Hier befindet sich eine Ikone, ein Geschenk der katholischen Benediktinerinnen auf dem Ölberg zum Ökumenischen Kirchentag 1991. Das ist ungewöhnlich, weil es in der Christenwelt traditionell kaum Orte gibt, an denen Ökumene es so schwer hat wie in der Heiligen Stadt, wo die Kirchen oft um jeden Platz, jede Ruine oder jeden biblischen Ort streiten. Die Ikone erinnert an Noah und den Regenbogen, den Gott als Zeichen des Friedens mit den Menschen in die Wolken setzte. In der Andachtsecke mit ein paar Stühlen vor der Ikone sollen die Gebete dem Ende der Kämpfe und Streitigkeiten gewidmet sein.

Deutsche Protestanten entdeckten erst im 19. Jahrhundert ihr Herz für Jerusalem. Als in ganz Europa das Interesse an der Stadt wiedererwachte, begann das protestantische Preußen, sich zu engagieren. In Muristan, nahe der Grabeskirche, entstand 1869 auf dem Grundriss einer alten Kreuzfahrerkirche die Erlöserkirche. Am Reformationstag 1898 wurde die Kirche als Symbol der evangelischen Einheit in Gegenwart von Kaiser Wilhelm II. eingeweiht. Er war der erste westliche Herrscher der Neuzeit, der die Heilige Stadt besuchte.

Die vielen Kämpfe um Jerusalem im 20. Jahrhundert beschädigten die Erlöserkirche mehrfach, immer wieder wurden die Spuren beseitigt. Aber auch in dieser evangelischen Auslandsgemeinde mit einem für jeweils ein paar Jahre entsandten Pfarrer aus Deutschland ist der regionale Konflikt stets präsent. Schließlich leben die Gemeindemitglieder in Israel, Jordanien und den palästinensischen Gebieten. Die Gemeinde tut viel, um ihrem Anspruch gerecht zu werden: Sie wollen »inmitten der vielfältigen politischen, kulturellen, historischen und religiösen Trennlinien als deutschsprachige Christen eine Stimme der Versöhnung sein«, wie es in einer Kirchenschrift heißt.

Adresse Muristan Road 5, Jerusalem 91140, Tel. 02/6266800, www.evangelisch-in-jerusalem.org | **Anfahrt** Zugang zur Altstadt über Jaffa-Tor, nach rechts durch das armenische Viertel und dann links in die Christian Quarter Road einbiegen | **Öffnungs-zeiten** Mo–Sa 10–17 Uhr, So nur für Gottesdienstbesucher | **Tipp** Der Eingang zum archäologischen Park »Durch die Zeiten« befindet sich im Innenraum der Kirche. Die multimediale Ausstellung bietet einen Streifzug durch die Geschichte: Man sieht einen herodianischen Steinbruch, Gärten aus der Zeit Jesu, Gebäude Kaiser Hadrians sowie Mauern des konstantinischen Marktplatzes und den Mosaikboden der Kreuzfahrerkirche St. Maria Latina.

53 Das Keramik-Studio

Armenisches Handwerk für Präsidenten und Stars

Vic Lepejian ist eine Institution in Jerusalem. Nicht nur der armenische Patriarch Jerusalems, der um die Ecke wohnt, bestellt bei dem Keramik-Künstler Objekte wie das große Gedenkmosaik zum 100. Jahrestag des Völkermords an den Armeniern. In vielen Kirchen und Klöstern der Altstadt finden sich die Werke des Armeniers, aber auch in städtischen Einrichtungen sowie in Villen und Hotels im muslimischen Osten der Stadt. Israelische Ministerien ordern in dem kleinen Laden im Souterrain Geschenke für Staatsgäste. Zu den Beschenkten gehört auch der ehemalige US-Präsident Barack Obama, der nach den Worten Lepejians ein ungewöhnliches, in sich mehrfach gebrochenes Keramikmosaik mit Jerusalem-Motiven bekommen hat.

Lepejian ist einer von vielen armenischen Kunsthandwerkern in Jerusalem, die – teilweise schon seit mehreren Generationen – in streng traditioneller Manier handbemalte und doppelt gebrannte Keramiken herstellen: Kacheln, Porträts, Mosaike, auch größere Bilder und Dekorationen. Zwar bekommt man in Israel in fast jedem Souvenirgeschäft hundertfach Keramiken angeboten; die meisten allerdings sind industriell gefertigt, was für einen Laien schwer zu erkennen ist.

In »Vic's Armenian Art Studio« sei jedes einzelne Stück von Hand bemalt, versichert der Besitzer. 1975 hatte er als junger Mann seinen Laden eröffnet und rasch Erfolg gehabt. Seine Werke wurden seither auf zahlreichen Ausstellungen in vielen Ländern gezeigt.

Ausgebildet in der staatlichen Kunstakademie Armeniens in Eriwan, fühlt Lepejian sich nach wie vor strengen handwerklichen Standards verpflichtet. Über die Jahre hinweg kultivierte der mehrfach ausgezeichnete Künstler verstärkt moderne Einflüsse für die Keramiken, er verwendet ungewöhnliche oder abstrakte Motive, bricht glatte Flächen auf, arbeitet mit schlichtem Schwarz-Weiß oder mit grellen Farben und sucht immer wieder neue Perspektiven.

Adresse Armenian Patriarchate Road 77, Jerusalem 9191141, Tel. 02/6280496,
www.viclepejian.mysite.com | **ÖPNV** Straßenbahn, Haltestelle City Hall, dann vom
Jaffa Tor die erste Straße rechts in die Altstadt, oder Bus 1, 3, 38, 104, 117, 234, 480,
Haltestelle Jaffa-Tor | **Öffnungszeiten** Mo – Sa 9 – 19 Uhr | **Tipp** Das Restaurant
Bulghourji mit traditionell armenischen Gerichten befindet sich wenige Meter von
Vic's Laden entfernt (Armenian Patriarchate Street 6, Tel. 053/9443920).

54 Das Kikar Hamusica

Kostenlose Livekonzerte auf dem Platz der Musik

Noch vor wenigen Jahren galt das Nahalat-Shiva-Viertel in der Innenstadt als wenig attraktiv und teilweise etwas verwahrlost. Bis der französisch-israelische Geschäftsmann Laurent Levy ein großflächiges Areal aufkaufte, alte Häuser niederreißen ließ und mit erheblichem Kapital eine Reihe von modernen Apartmenthäusern, natürlich mit schönem Jerusalem-Stein an den Fassaden, sowie viele Geschäfte und das hebräische Musikmuseum bauen ließ.

Mitten in dem neu entstandenen Komplex schuf der vermögende Brillenfabrikant einen architektonisch reizvollen Platz mit fünf Restaurants und Cafés am Rande sowie einer erstklassig ausgestatteten Bühne. Inzwischen ist das »Kikar Hamusica« eine wichtige kulturelle Begegnungsstätte und ein beliebter Treffpunkt der Jugend.

Hier gibt es fast täglich kostenlose Konzerte. Das Angebot reicht von klassischer Klezmer-Musik, Volksmusik und Balladen bis zu Jazz, Rock und klassischer Musik. Wer die Aufführungen an den Tischen vor den Türen der eleganten Lokale am Platz verfolgen möchte, wird natürlich etwas verzehren müssen.

Der Investor Laurent Levy hatte bei der Umsetzung des Kikar-Hamusica-Projekts eine Vision, für die er rasch Mitstreiter fand: In Jerusalem, wo Religionen und Kulturen aufeinanderprallen, wollte er einen Ort der Musik und damit des Friedens schaffen, der Menschen unterschiedlicher Herkunft und Religion zusammenführt. Denn kaum etwas verbinde mehr als Musik, die die Seelen berührt, betont der gebürtige Franzose. Deshalb finanzierte Levy auch das Musikmuseum auf der Rückseite des Platzes.

In den Gebäuden rund um den Platz befinden sich fünf Lokale – darunter das hochgerühmte Gourmet-Restaurant »Kinor Bakikar«. Geplant sind in dem Komplex noch ein Konzertsaal, ein Aufnahmestudio sowie Schulen für Comedy, Tanz und Musik. Das Thema Musik soll auch die Gestaltung des für 2020 geplanten Hotels dominieren. Levys Motto: »Alle vereinen mit Musik!«

Adresse Beit David Street, Yoel Moshe Salomon Street und Maa'var Beit Haknesset, www.kikar-hamusica.com/en, Jerusalem 94633 | ÖPNV Straßenbahn, Haltestelle Zion Square, dann zu Fuß zur Yoel Moshe Salomon Street, zweite Straße rechts in die Beit David Street | Öffnungszeiten Konzertbeginn meist am Abend zu unterschiedlichen Zeiten; Lokale unterschiedlich geöffnet | Tipp Die »Blue Hall Music« befindet sich im Gebäudekomplex an der Ecke Salomon Street / Maa'var Beit Haknesset. Das Kellerlokal hat eine hochgelobte Küche und eine lange Bar, zudem gibt es hier an vielen Abenden Livemusik, vor allem Reggae, Funk, Rock und Hiphop (Yo'el Moshe Salomon Street 12, Tel. 02/6256488, So–Do ab 17 Uhr, www.bluehallmusic.co.il).

55 Die »Kleine Klagemauer«

Heiligtum in schmaler Gasse

Während vor der berühmten Klagemauer, die teilweise auch eine Synagoge ist, fast zu jeder Tages- und Nachtzeit gebetet wird, ist die weniger bekannte »Kleine Klagemauer« oft ohne Besucher. Dabei gehört die »Kotel HaKatan« nach jüdischer Auffassung gleichfalls zu den letzten Überresten des 70 nach Christus von den Römern zerstörten jüdischen Tempels.

Bis heute symbolisieren die Reste der westlichen Schutzmauer des Tempels für Juden den Bund Gottes mit dem Volk Israel. Vom Gesichtspunkt der Entfernung – für manch orthodoxe Juden von entscheidender Bedeutung – lag die kleine Klagemauer sogar etwas näher am Allerheiligsten im Tempel des Herodes als die berühmte »Westmauer«. Sie wird nur im Deutschen »Klagemauer« genannt.

Auch die kleine Klagemauer gilt – allerdings erst seit etwa einem Jahrhundert – als jüdisches Heiligtum und dient seither ebenfalls als Gebetsstätte. Im Unterschied zur großen Westmauer gibt es vor den zwei jahrtausendealten Mauerresten in der Bab al-Hadad Street keine Trennung zwischen Männer und Frauen. Niemand achtet hier auch darauf, ob Männer eine Kippa tragen oder nicht.

In der engen Gasse in der muslimischen Altstadt befinden sich Gebäude aus der Mameluckenzeit (12. und 13. Jahrhundert). Ihre Nähe zum jüdischen Heiligtum lässt ahnen, wie es früher nahe der Klagemauer ausgesehen hat. Nach dem Sechstagekrieg 1967 wurde der Platz davor massiv erweitert – und zahlreiche Häuser von Arabern nahe der Klagemauer mussten dafür weichen.

Die jüdisch-orthodoxe Organisation »Ateret Cohanim« streitet seit Jahren für eine Aufwertung der kleinen Klagemauer und möchte, dass sie unter Aufsicht des israelischen Religionsministers gestellt wird. Ein Grund dafür mag sein, dass das von den Muslimen als »Hospiz der Kurden« (Ribat al-Kurd) benannte Mauerstück auch schon mal Zielscheibe vandalisierender palästinensischer Jugendlicher war.

Adresse am Ende der Bab al-Hadad Street, neben dem Eisentor des Tempelbergs, Jerusalem 9114101 | Anfahrt vom Damaskustor durch die Via Dolorosa ins muslimische Viertel Richtung Tempelberg gehen | Tipp Die eigentliche Klagemauer (um die Ecke der kleinen Klagemauer) ist das wichtigste jüdische Heiligtum. Auf dem Platz davor drängeln sich Menschen, die beten oder kleine Zettel mit Gebeten und Wünschen in die Ritzen der Mauer stecken. Es herrscht strenge Kleiderordnung: Männer und Frauen müssen eine Kopfbedeckung tragen.

56 Der Klezmer-Keller

Jiddische Musik und Tanz im Bursteins

Avram Burstein hat eine Mission. Der Klarinetten-Spieler fühlt sich der jiddischen Tradition klassischer Klezmer-Musik verpflichtet. Während viele Klezmer-Musiker mit Elementen von Pop, Reggae oder Jazz sowie mit modernen Instrumenten experimentieren, ist das kleine, fast versteckte Kellerlokal im Stadtteil Romema die pittoreske Heimstatt von Klezmer, wie es sie in den alten aschkenasischen Schtetl vor dem Holocaust gab. Theologisch steht die Botschaft der Klezmer-Musik, so Burstein, für »die Erlösung«.

Jeweils am abendlichen Ausklang des Schabbats zelebriert der Enkel eines polnischen Einwanderers mit Musik, Tanz, traditionellen Gerichten wie Kugel oder Hühnchenleber-Pastete und Wein sowie den Worten der Thora den jüdischen Wochenbeginn. Die Besetzung des Ensembles wechselt häufig. Zuweilen kommen Klezmer-Musiker überraschend dazu und musizieren gemeinsam wie in einer Jamsession.

Burstein, einer der Musiker oder auch der Koch tanzen mit erstaunlicher Eleganz ein Glas oder eine Flasche auf dem Kopf balancierend zu der oft fröhlich-mitreißenden Musik. Höchstens drei Dutzend Gäste passen in den altmodisch eingerichteten Keller mit der kleinen Bühne, der mit Sofas, Sesseln, Stühlen und Bücherregalen ausgestattet ist.

Gäste sind willkommen, sollten allerdings Rücksicht auf die orthodoxen Kleidervorschriften nehmen. Gebeten wird um eine kleine »Spende« von 25 Schekel für die Vorführung, die jiddischen Snacks und die Getränke. Eine Karte gibt es nicht, alles ist sehr familiär. Sein Keller ist seine Leidenschaft, kaum ein Geschäft. Der tiefreligiöse Musiker ernährt seine Frau und die fünf Kinder vor allem mit den Einnahmen von Tourneen in Europa und von Auftritten bei Hochzeiten und anderen Festen. Bursteins Großeltern kamen in den 30er Jahren aus Polen nach Israel. Über 1.000 Mitglieder zählen deren Kinder und Kindeskinder heute, berichtet er stolz.

Adresse Yermiyahu Street 52, Jerusalem 9446733, Tel. 052/2879123 | **ÖPNV** Bus 55, 57, 64, 65, 69, Haltestelle Yirmiyahu / Elihav | **Öffnungszeiten** Winter: Sa ab 21 Uhr, Sommer: Sa ab 22 Uhr, sonst nach Ankündigung | **Tipp** Auf dem nahen Allenby Square befindet sich das britische Weltkriegsdenkmal zu Ehren von Feldmarschall Edmund Allenby, der 1917 Jerusalem eroberte. Auf dem Denkmal sind Reliefs mittelalterlicher Ritter angebracht, um einen Bezug zwischen dem Sieg über die Türken und den Kreuzzügen herzustellen.

57 Das Künstlerdorf

Ateliers in biblischer Umgebung von Ein Kerem

Das malerische Dorf in der idyllischen Berglandschaft Judäas hat viele Seiten. Ein Kerem ist wichtig für christliche Pilger und attraktiv für Touristen, die Galerien, Ateliers und hübsche Lokale suchen. Nicht weit von Jerusalem entfernt, ist es auch als Ausflugsziel beliebt – vor allem am Schabbat, weil hier dann viele Geschäfte und Restaurants geöffnet sind. Auch gut situierte Israelis haben in dem grünen Tal am Fuß des Bergs Orah ihren Wohnsitz. Bis zur Unabhängigkeit Israels lebten hier meist Araber, heute sind es nur noch wenige.

In den gewundenen Gassen des Dorfes mit vielen blühenden Gärten finden sich kleine Werkstätten, Studios und Ateliers. Oft sind die Türen geöffnet, viele Künstler und Kunsthandwerker lassen sich gern bei der Arbeit zuschauen – und verkaufen natürlich auch ihre Werke. Eine kleine Karte mit den Adressen von 18 Künstlern ist vor Ort erhältlich. »Ein Kerem«, übersetzt »Quelle des Weinbergs«, ist selten überlaufen, die Atmosphäre gelassen und familiär. Am Wochenende gibt es im Eden-Tamir-Musikzentrum Kammerkonzerte.

Das beschauliche Dorf hat aber auch historisch eine große Bedeutung. Es ist der Geburtsort von Johannes dem Täufer. Die St.-John-Kirche, in der sich seine Geburtsgrotte befindet, ist nach ihm benannt. Sie steht an der Stelle, wo sich der Legende zufolge einst die Mütter von Johannes und Jesus, Elisabeth und Maria, trafen. Maria habe sich hier auch an einer Quelle erfrischt. An diesem »Brunnen der Jungfrau« füllen heute Pilger heiliges Wasser in ihre Feldflaschen. Aus der Dorfidylle ragen verstreut zwischen Palmen, Zedern, Feigen- und Mandelbäumen die Türme einiger Klöster, vor allem aber die goldenen Kuppeln des russischen Al-Moskovia-Klosters, hervor. In Ein Kerem finden sich auch wichtige Spuren der jüdischen Geschichte wie beispielsweise Ruinen aus der Zeit des Herodes und eine 2.000 Jahre alte Mikwe, ein rituelles jüdisches Bad.

Adresse Ein Kerem 9087200 | **ÖPNV** Straßenbahn zur Endstation Mount Herzl, dann Bus 28 | **Tipp** Das Franziskanerkloster St. Johannes in der Wüste liegt drei Kilometer westlich. In einer Grotte, in der sich heute eine kleine Kapelle befindet, soll sich Johannes der Täufer in die Einsamkeit zurückgezogen haben, um sich auf seine Mission vorzubereiten.

58_ Das »La Regence«
Luxuriöses Speiselokal der Mächtigen

Restaurantführer rühmen das »La Regence« als eine der besten Adressen im Nahen Osten. Aber die wirkliche Herausforderung für Küche und Service ist die ungewöhnliche Klientel, die hier speist. Kaum ein Lokal im Nahen Osten kann sich rühmen, so viele Mächtige, Reiche und Prominente aus der ganzen Welt bewirtet zu haben. Historische Fotos an den holzgetäfelten Wänden des eleganten Lokals geben davon eindrucksvoll Zeugnis.

Das Restaurant gehört zu einem der historisch bedeutendsten Hotels der Welt, dem majestätisch auf einem Hügel gegenüber der Altstadtmauer gelegenen »King David«. Es wurde in den 30er Jahren von jüdischen Investoren aus Ägypten im Art-déco-Stil erbaut. Bis heute sind das edle Holzparkett, das feine Mobiliar, die Deckenleuchte und die vielen kleinen Lampen im Restaurant des Hauses im Art-déco-Stil gehalten. Das Hotel wurde rasch zur Luxusherberge für Könige und Präsidenten, Schauplatz historischer Treffen und Ereignisse: Dazu zählen Geheimgespräche wie auch offizielle Friedensverhandlungen, beispielsweise zwischen Israel und Jordanien – aber auch der Terroranschlag der zionistischen Untergrundorganisation Irgun 1946, der sich gegen die britischen Mandatsträger im Haus richtete und mindestens 91 Todesopfer forderte.

Traditionell müssen die koschere Hotelküche und der bestens ausgestattete Weinkeller angesichts der Klientel höchsten Ansprüchen genügen. Vor 1949 residierten sogar gekrönte Häupter nach ihrem Sturz in der Heimat zeitweise im »King David«: die Könige Spaniens und Griechenlands sowie Kaiser Haile Selassie aus Äthiopien. Später beherbergte das Hotel alle US-Präsidenten und deutschen Kanzler, zahllose andere Regierungs- und Staatschefs sowie Stars wie Elizabeth Taylor, Richard Gere oder Madonna. Die Küche bietet anspruchsvolle, moderne Haute Cuisine, ist es aber auch gewohnt, auf manche Sonderwünsche prominenter Gäste zu reagieren.

Adresse King David Street 23, Jerusalem 94101, Tel 02/6208795, www.danhotels.com |
ÖPNV Bus 4, 7, 8, 13, 18, 21, 30a, 38, 49, 71, 72, 74, 75, 101, 102, 103, 105, 106, 107,
108, Haltestellen David HaMelekh/Mapu oder Yemin Moshe | **Öffnungszeiten** So–Do
18.30–22.30 Uhr | **Tipp** Der weitläufige, sehr gepflegte Bloomfield-Park – offiziell
»Koret-Liberty-Belk-Park« – befindet sich gleich hinter dem Hotel. Zahlreiche
Skulpturen, Brunnen, Sportanlagen, eine Nachbildung der US-Freiheitsglocke »Liberty
Bell«, eine kleine Künstlerkolonie mit Läden sowie viele lauschige Plätze laden zum
Verweilen ein.

59 Das lächelnde Haus

Die Sonnenuhr der Orthodoxen

Die Sonnenuhr mit fünf Meter Durchmesser an der Fassade macht aus dem schmalen Haus in der geschäftigen Jaffa Road ein scheinbar lächelndes Gebäude. Diese Besonderheit ist aber keine stilistische Signatur des Architekten, sondern hat eine praktische Funktion. Die Uhr der Zoharei-Chama-Synagoge bietet seit einem Jahrhundert den orthodoxen Anwohnern eine genaue Orientierung und zeigt ihnen, wann der Tag, vor allem der heilige Tag des Schabbats, anbricht.

Denn für Juden beginnt und endet der Tag jeweils mit dem sich stets ändernden Zeitpunkt des Sonnenuntergangs. Heute finden sich die genauen Uhrzeiten für Sonnenuntergang und -aufgang (ein für Juden wichtiger Moment für das Morgengebet) in den Medien. Bevor in Jerusalem die Sonnenuhr errichtet wurde, mussten Orthodoxe jeden Morgen und Abend auf die Spitze des Ölbergs oder die Hügel des Bayit-Vegan-Viertels klettern, um den Gang der Sonne genau zu bestimmen.

Das dreistöckige Steingebäude mit dem aufgesetzten, hölzernen Dachboden ist trotz einer Restaurierung 1980 deutlich von Wetter und Witterung sowie einem Brand 1941 gezeichnet. Die Synagoge mit einer »Schabbat-Sirene« auf dem Dach, die den jeweiligen Beginn des Feiertags signalisiert, gehört zu den wenigen erhaltenen Gebäuden aus der Frühzeit der jüdischen Wiederbesiedlung Palästinas.

Über dem Eingang erinnert eine Tafel aus dem Jahr 1908 an den Rabbiner Schmuel Levy, der zur Finanzierung seines Jerusalemer »Großen Hauses der Lehre« in seiner alten Heimat USA eine Lotterie startete und bei Philanthropen Geld sammelte. Helfen sollte das Projekt jüdischen Einwanderern. Das Obergeschoss wurde zur Synagoge der Zoharei Chama, in den unteren Etagen des Hostels konnten bis zu 50 Gäste aufgenommen werden. Noch vor wenigen Jahren diente das etwas baufällige Haus als Notunterkunft und Suppenküche, derzeit ist es nur noch ein Haus des Gebets – aber nur für Männer.

Adresse Jaffa Road 92, Jerusalem 9434127, www.facebook.com/pages/Zoharei-Chama-Synagogue | **ÖPNV** Straßenbahn, Bus 9, 18, 25, 32, 45, 74, 75, 78, Haltestelle Mahane Yehuda | **Tipp** Das Konditorei-Café Haba wartet mit großer Brotvielfalt, traditionellen jüdischen Backspezialitäten wie Challa oder Strudel sowie hervorragenden kleinen Gerichten, Desserts und Frühstücksangeboten auf. Tische gibt es drinnen und draußen (Jaffa Road 119, Tel. 02/6233379, So–Do 7–23 Uhr, Fr 7–14 Uhr).

60 Das Lev-Smadar-Kino

Hochburg der säkularen Bürger

Das älteste Kino Jerusalems muss zuweilen ums Überleben kämpfen. 2017 konnte das traditionsreiche Filmtheater, das ein anspruchsvolles, internationales Filmprogramm (meist auf Englisch oder mit englischen Untertiteln) anbietet, nur dank einer Bürgerinitiative gerettet werden. Dem Kino drohte die Schließung, weil das alte Gebäude nicht mehr den strengen Sicherheitsvorschriften entsprach. Es fehlte an Geld für eine Sanierung. Daraufhin bildete sich eine Allianz von Geschäftsleuten, Intellektuellen und jungen Leuten, die für das Theater mobilisierten und für Abonnements warben. Schließlich konnten sich Kinobetreiber, Hausbesitzer und die Stadt auf einen Kompromiss einigen.

Das Haus gehört zur Kinokette »Lev«, das hochwertige Streifen präsentiert und diese oft mit Vorträgen oder Podiumsdiskussionen verbindet. Das Kino hat den Anspruch, kulturelle Vielfalt zu leben, auch arabische oder iranische Streifen werden gezeigt. Um sich als altmodisches Kino – wenngleich mit modernster Technik – in Zeiten von Netflix und YouTube zu behaupten, investierten die Betreiber auch in das Restaurant und die Bar im großen Foyer.

Der Schriftsteller Gil Yaron nannte das Smadar einen »Kulturtempel der Atheisten« und eines »der letzten Refugien weltlicher Kultur in der Heiligen Stadt«. Er spielte dabei auf den wachsenden Anteil und Einfluss der Orthodoxen an. Das Lichtspielhaus wurde 1928 als »Orient-Kino« von einem Unternehmer aus der deutschstämmigen Templer-Gemeinde gebaut.

Nach der Machtergreifung der Nazis in Deutschland geriet das Haus in den Strudel politischer Auseinandersetzungen vor Ort, bei Kriegsausbruch 1939 übernahmen die Briten das Gebäude, später Israelis, die das Haus in »Smadar« umbenannten. Es war zunächst ein Kino für billige Western und Kitschfilme. Der kleine Saal mit 200 Sitzplätzen wurde beliebter Treff von Teenagern, die hier ihre ersten Dates hatten.

Adresse Lloyd George Street 4, Jerusalem 9311004, Tel. 02/5660954, www.lev.co.il/en |
ÖPNV Bus 18, 34, 77, 102, 103, 108, Haltestelle Emek Refaim Street / Lloyd Street |
Öffnungszeiten Mo–Fr 15–24 Uhr, Sa, So 10–24 Uhr | **Tipp** Die »Fromagerie Basher« in
der German Colony führt eine enorme Vielfalt von Käsesorten, sehr viele aus Frankreich,
Italien und anderen europäischen Ländern. Auch interessante europäische Weine und
importierte Delikatessen gibt es zu kaufen (Emek Refaim Street 52).

61 Der Light Rail Train

Symbol der Koexistenz

Jerusalem hat nur eine einzige Straßenbahnlinie, auch wenn im Rathaus schon lange neue Strecken geplant werden. Allerdings ist die »L1«-Strecke 14 Kilometer lang und fährt vom Herzl-Berg im Südwesten bis zum Stadtteil Pisgat Ze'ev im Nordosten der Stadt. Für Touristen ist die Bahn, die auch über die spektakuläre Calatrava-Brücke führt, eine großartige Option, um bequem in viele Ecken Jerusalems zu kommen. Aber der »Light Rail Train« ist auch der einzige Ort, wo sich wirklich alle Jerusalemer ungeachtet ihrer Religion und Herkunft regelmäßig und häufig begegnen. Die Straßenbahn gilt als Symbol der Koexistenz.

Über 30.000 Araber aus dem Osten der Stadt arbeiten in West-Jerusalem. Viele benutzen die Straßenbahn. Sie drängeln sich zu Stoßzeiten in die modernen Wagen ebenso wie ultraorthodoxe Juden in ihrer schwarzen Kluft, junge Soldatinnen mit umgeschnalltem Maschinengewehr, muslimische Frauen mit Kopftuch oder Hijab, laute Teenager mit grellen Punk-Frisuren, christliche Ordensleute oder Angestellte in biederen Anzügen. Täglich einigt die 2011 eröffnete Bahn friedlich Jerusalems bunte, multikulturelle und zerstrittene Gesellschaft. Besucher sind oft überrascht von der meist entspannten Atmosphäre in dieser konfliktreichen Stadt. Besonders spürbar ist das bei einer Straßenbahnfahrt.

Nur zu einer Zeit waren bisher Straßenbahnen und Haltestellen Zielscheiben von politischem Vandalismus. Im unruhigen Herbst 2014 bewarfen junge Palästinenser im Ostteil der Stadt die Straßenbahn mit Steinen und beschädigten Haltestellen. Ungewöhnlich an dieser Stadtbahn sind die häufigen Kontrollen, was auch daran liegt, dass insgesamt nur 23 »Niederflur-Fahrzeuge« verkehren. Die Kontrolleure sind auch bei Touristen meist unnachgiebig. Wer seine Karte, die man vor der Fahrt am Automaten kaufen muss, in der Bahn nicht entwertet hat, muss mit einer saftigen Strafe fürs Schwarzfahren rechnen.

Adresse Straßenbahn-Endstationen Herzl-Berg und Pisgat Ze'ev | **Öffnungszeiten**
Fahrzeiten: So–Do 5.30–24 Uhr, Fr 5.30 Uhr bis eine Stunde vor Schabbat-Beginn,
Sa 30 Minuten nach Sonnenuntergang | **Tipp** Das Teddy-Kollek-Stadion mit
32.000 Plätzen ist Heimstätte von vier Fußballclubs und wird wegen der Stimmung in
dem beengten, überdachten Stadion »die Hölle« (GeHinnom) genannt. Ein Besuch bei
einem Ligaspiel ist auch wegen der Atmosphäre interessant (Stadtteil Malha, David
Ayalon Street, Jerusalem 96950).

62 Der Löwenbrunnen

Sprudelnde Installation aus Deutschland

Viele Staaten haben der Heiligen Stadt Bauwerke, Denkmäler, Parkanlagen oder Skulpturen geschenkt. Das bemerkenswerte Präsent der deutschen Regierung hat nicht nur einen besonders schönen Standort in der Parkanlage des Bloomfield-Gartens, sondern ist von den Bürgern Jerusalems sichtlich angenommen worden. Vor allem im Sommer kommen Familien, Verliebte und Flaneure zum Löwenbrunnen im Bloomfield-Garten. Kinder lieben es, im Brunnenbecken zu planschen oder auf den Bronzefiguren herumzuklettern.

Die Installation gilt inzwischen als eines der Wahrzeichen des modernen Jerusalem. 1981 war sie vom damaligen Bundeskanzler Helmut Kohl, der nach offiziellen Angaben die Anregung zu diesem Kunstwerk gegeben hat, der Stadt geschenkt worden. Der große Brunnen mit einem zehn Meter großen Radius nahe des King David Hotels hat eine unaufdringliche, erst auf den zweiten Blick erkennbare Friedensbotschaft.

Im Zentrum des Brunnens steht ein fünf Meter hoher, Fontänen speiender »Baum des Lebens« mit drei abstrakten, wuchtig-gekrümmten Ästen. Sie stellen nach der Idee des pfälzischen Künstlers Gernot Rumpf die drei monotheistischen Religionen dar, die, umgeben von Wasser speienden Löwen, in Frieden miteinander auskommen. Das elegant geschwungene Motiv der Anlage hat Gernot Rumpf, der sich vor allem mit Werken mit biblischem Bezug einen Namen gemacht hat, inzwischen mehrfach auch anderswo verwendet.

Auf der Spitze des mehrstufigen Baumes befindet sich eine Weltkugel, auf der eine Taube mit einem Olivenzweig im Schnabel sitzt. Sie soll die Taube darstellen, die Noah nach der Sintflut wegfliegen ließ und die dann 300 Tage später mit dem Zweig als Zeichen Gottes für die Versöhnung mit den Menschen zurückkam. Auf der breiten Umrandung des Brunnens thronen mehrere Löwen aus Bronze. Zu Füßen des einen Raubtiers befindet sich ein kleines Wasserbecken, aus dem bronzene Tauben trinken.

Adresse Bloomfield Garden, King David Street / Yemin Moshe Viertel, Jerusalem 94101 |
ÖPNV Bus 13, 18, 102, 105, 108, Haltestelle David HaMelekh / Mapu | **Tipp** Die Metall-
skulptur »Etzioni Flame« befindet sich ebenfalls im Bloomfield-Garten. Die ungewöhnliche,
unruhig und sehr lebendig wirkende Plastik des israelischen Bildhauers Gidon Graetz
erinnert an die Etzion-Brigade, die in der Zeit des Unabhängigkeitskrieges vor allem für die
Verteidigung Jerusalems verantwortlich war.

63 Die Mamilla-Passage

Meisterwerke als Dekoration einer Luxus-Mall

Ein bemerkenswertes Kunstexperiment außerhalb von Museen und Galerien für die von Kuratoren und Kulturmanagern oft beschworene Kultur im Alltag findet sich im Mamilla-Einkaufszentrum. Entlang der 300 Meter langen Einkaufsstraße Alrov Mamilla Avenue, wo sich die Boutiquen großer internationaler Marken, teure Schmuck-, Antiquitäten- und Uhrengeschäfte sowie Galerien, Cafés und Restaurants drängeln, präsentieren Bildhauer, die meisten aus Israel, ihre Werke.

Etwa 80 Skulpturen von 27 Künstlern hat der Kurator dieser ungewöhnlichen Ausstellung, Tzipi Vital, für das Sommerhalbjahr 2018 zusammengestellt. Die Objekte – gefertigt aus unterschiedlichen Materialien, abstrakt und konkret sowie verschiedene Kunststile repräsentierend – sind zu kaufen. Kleine Schilder verweisen auf Galerie oder Künstler. Die jährlich wechselnden Ausstellungen entlang der etwa 140 Läden passen zu dem einzigartigen Baukomplex, in dem sich das Einkaufszentrum sowie Luxushotels und -wohnungen befinden.

Schon der Bau in Mamilla, einem früheren Armenviertel an der ehemaligen Waffenstillstandslinie zwischen Israel und Jordanien, war wegen der notwendigen Umsiedlung von 700 Familien umstritten. Um die historische Bausubstanz zu retten, wurden vor dem Abriss der alten, baufälligen Häuser alle Fassadensteine durchnummeriert und beim Bau des modernen Komplexes Anfang dieses Jahrhunderts mit dem hellen Jerusalemstein wieder verwendet. Einige Bauwerke wurden sogar vollständig integriert. Dazu gehört das »Stern«-Haus, in dem der Zionist Theodor Herzl 1898 bei seinem Besuch in Jerusalem residierte. Heute befinden sich hier eine Buchhandlung und ein feines Restaurant. Zudem das imposante Kloster »St. Vincent de Paul«, gebaut Ende des 19. Jahrhunderts. Das älteste Bauwerk auf dem Mamilla-Gelände besteht aus einer Kirche, dem Hauptgebäude mit dem Konvent und einer Behinderteneinrichtung sowie 16 Geschäften an der Fußgängerzone.

Adresse Mamilla Mall, Shlomo HaMelech Street / Itzchak Kariv Street, Jerusalem 94182, www.alrovmamilla.com | **ÖPNV** Straßenbahn, Haltestelle City Hall; Bus 13, 104, 108, 115, Haltestelle Mamilla Mall | **Öffnungszeiten** So – Do 10 – 23 Uhr, Fr 9.30 – 15 Uhr, Sa nach Schabbat-Ende bis 23 Uhr | **Tipp** In der David-Zitadelle hinter dem Jaffa-Tor befindet sich ein archäologischer Park, der abends Schauplatz einer dreidimensionalen »Lightshow« mit faszinierenden Licht- und Farbeffekten über die Geschichte Jerusalems ist. An die Mauern, Ruinen und Bauwerke werden Bilder, Collagen und Filmszenen projiziert, untermalt mit heroischer Musik (Tel. 02/6265333; Mo, Mi 20.30 Uhr, Do 21.30 Uhr, Sa 21 Uhr).

64__Die Mauer des Lebens

Friedhofs-Graffiti der messianischen Juden

Jerusalem ist voll eindrucksvoller, ungewöhnlicher Friedhöfe. Schließlich glauben nicht nur die Juden, dass hier in der Heiligen Stadt der Messias wiederkehren und der Tag des Jüngsten Gerichts abgehalten werde. Entsprechend viele Gläubige aus aller Welt wollen hier begraben sein. Der Friedhof der messianischen Christen ist vermutlich die farbenfroheste Begräbnisstätte der Stadt.

Hinter einer hohen Mauer der Hauptstraße der schicken deutschen Kolonie befindet sich der internationale Friedhof der »Alliance Church«. Ursprünglich im 19. Jahrhunderts von amerikanischen Presbyterianern gegründet, gehört sie seit 1927 den messianischen Christen. Diese Kirche möchte dem eigenen Anspruch nach Judentum und Christentum versöhnen, in der religiösen Praxis jüdische und christliche Elemente verbinden.

Optisch dominiert wird der Friedhof von den bunten, biblischen Wandmalereien an der Längsmauer rechts vom Eingang und der Abschlussmauer am Ende des großen Grundstücks. Die amerikanische Künstlerin Patricia Solveson, die ihren Worten zufolge erst nach einer Zeit als wilder Hippie zum rechten Glauben fand, hat hier in sechseinhalb Jahren Arbeit Geschichten aus der Bibel in Bilder mit kräftigen Acrylfarben umgesetzt, angefangen von Adam und Eva bis hin zur Auferstehung Christi. Mit ihrem Mann Carl steht sie manchmal Besuchern zu Führungen in dem reich begrünten Friedhof zur Verfügung.

In Israel gibt es etwa 15.000 messianische Juden. Sie sind manchen Anfeindungen ausgesetzt, weil viele – wie das jüdische Rabbinat – in ihnen eine christlich-fundamentalistische Organisation sehen, die Juden missionieren möchte. Jesus gilt den Juden als Abtrünniger, Antisemitismus im Namen Christi mit den schrecklichsten Folgen hat eine ebenso lange Geschichte wie das Christentum selbst. Auch in der katholischen Kirche gibt es heute viel Skepsis, was die Missionierung von Juden angeht.

Adresse Emek Refa'im Street 41, Jerusalem 9314101, Tel. 052/3806208, www.jerusalemwalloflife.org | **ÖPNV** Bus 34, 49, Haltestelle EmekRef'im / HaTzfira | **Öffnungszeiten** meist geschlossen, am besten nach telefonischer Absprache | **Tipp** Die Emek Refa'im Street bietet sich für einen Straßenbummel an. Neben zahlreichen Cafés, Restaurants, Wein- und Delikatessenläden sowie Boutiquen stehen hier viele Gebäude, die noch von den Templern erbaut wurden. Zugänglich ist auch der alte Templer-Friedhof mit überwiegend schwäbischen Namen auf Kreuzen und Grabsteinen.

65 Die Menora Israels

Symbol des jüdischen Staates vor der Knesset

Auf dem großen Vorplatz des Parlaments steht Israels größte Menora, der siebenarmige Leuchter, der sogar das Staatswappen ziert. Die fünf Meter hohe und vier Meter breite Bronzeskulptur vor der Knesset verbindet symbolisch die 4.000 Jahre alte Geschichte der Juden mit dem modernen jüdischen Staat. Die Menora war 1956 eine generöse Geste Großbritanniens an Israel. Das »Geschenk des ältesten an das jüngste Parlament« wurde von britischen Parlamentariern, Banken, Firmen und privaten Spendern finanziert.

Die Skulptur stammt vom britischen Bildhauer Benno Elkan. Der jüdische Künstler aus Dortmund war 1935 nach London emigriert, nachdem ihm die Nazis Berufsverbot erteilt hatten. Elkan wollte den Leuchter ursprünglich symbolträchtig vor die Hafeneinfahrt Tel Avivs oder Haifas stellen, in Anlehnung an die Freiheitsstatue am Hafen von New York. Die Briten überzeugten Elkan schließlich vom neuen, ebenso gewichtigen Standort.

In 29 Reliefbildern auf den Armen des Leuchters wird die Geschichte der Juden dargestellt – angefangen vom Kampf Davids gegen Goliath und dem Auszug aus Ägypten bis hin zum Aufstand im Warschauer Getto und der Gründung des Staates Israel. Kaum ein anderes Symbol – bis auf den Davidstern – ist so eng mit der jüdischen Identität verbunden wie die Menora (übersetzt: Leuchter). Ihre überragende Bedeutung wird schon dadurch deutlich, dass für streng religiöse Juden am Schabbat zwar alle Feuer verboten sind, nicht aber die Öllichter der Menora. Sie steht für Juden als Baum des Lebens und verkörpert geistige Erleuchtung, Einsicht und Lebensfreude.

Laut Bibel hat Gott den siebenarmigen Leuchter den Juden selbst vorgegeben. Moses erhielt demnach auf dem Weg der Israeliten ins Gelobte Land auf dem Berg Sinai von Gott nicht nur die Zehn Gebote, sondern auch Anweisungen für die heiligen Zeremonien, zu denen der siebenarmige, verzierte Leuchter aus purem Gold gehört.

Adresse Kiryat Ben-Gurion, Jerusalem 91950, Tel. 02/6753337, www.knesset.gov.il |
ÖPNV Bus 7, 35, 66, Haltestelle Knesset | **Tipp** Die Knesset ist ein architektonisch
eindrucksvoller Bau mit vielen Kunstwerken in Gängen und Sälen. Im größten Saal neben
dem Parlamentssaal befinden sich zwölf Bodenmosaike und drei riesige Wandteppiche des
französisch-russischen Künstlers Marc Chagall mit Motiven des Alten Testaments und der
jüdischen Geschichte.

66 Die Montefiore-Windmühle

Symbol des frühen Zionismus – fast nie in Betrieb

Legenden ranken sich um das Bauwerk aus dem 19. Jahrhundert. Arabische Bauarbeiter sollen versucht haben, das Projekt zu sabotieren, und es dann mit einem Fluch belegt haben. Lange hieß es, die Mühle sei nie in Betrieb gewesen; inzwischen weiß man, dass sie zumindest ein paar Jahre ihren Zweck erfüllt hat. Nun allerdings nicht mehr, denn die 1857 nach britischem Vorbild erbaute Mühle bekommt in diesem Tal nicht genug Wind. Zudem waren die hier geernteten Getreidekörner von einer härteren Qualität als die in England.

Die Mühle, erbaut vom Bankier und Unternehmer Sir Moses Montefiore, war zwar wirtschaftlich kaum erfolgreich, aber sie wurde zu einem markanten Symbol des Zionismus. Montefiore hatte sich schon in jungen Jahren in London mit erfolgreichen Geschäften viel Ansehen und ein großes Vermögen erworben. Er wurde als erster britischer Jude zum Baronet geadelt. 1827 reiste der fast zwei Meter große Banker im Alter von 40 Jahren nach Palästina. Er wurde danach zu einem streng gläubigen Juden und glühenden Zionisten.

Montefiori, der 99 Jahre alt werden sollte, zog sich von den Geschäften in London zurück und förderte mit dem Bau von Druckereien, Fabriken, Schulen und Krankenhäusern in Palästina das Projekt eines jüdischen Staates. Er gründete die erste jüdische Siedlung, Mishkenot Shaananim, außerhalb der Altstadt. Zu ihrem Wahrzeichen wurde die 18 Meter hohe Windmühle, die für einige mutige Siedler außerhalb der Stadtmauern Arbeit und Brot sichern sollte.

Zu einer gewissen Bedeutung kam die Mühle erst wieder im Unabhängigkeitskrieg, als jüdische Scharfschützen sie nutzten. Worauf britische Militärs die Mühle angriffen und das treffend »Operation Don Quijote« nannten. Seit 2012 ist die Windmühle nach einer Renovierung wieder funktionstüchtig, um Schülern und Touristen traditionelle Getreideverarbeitung zu demonstrieren.

Adresse Sderot Blumfield, Yemen Moshe Quarter, Jerusalem 9108102, Tel. 02/6292220 |
ÖPNV Bus 13, 105, 108, Haltestelle David HaMelekh / Mapu | **Öffnungszeiten** Museum
So–Do 9–16 Uhr, Fr 9–13 Uhr | **Tipp** Der Sultan's Pool ist ein antikes Wasserreservoir,
das heute als Amphitheater mit 10.000 Plätzen dient. Die zwölf Meter tiefen Wasserbecken auf einer Fläche so groß wie zwei Fußballfelder waren von der Antike bis zum
20. Jahrhundert Teil der Wasserversorgung Jerusalems, heute finden hier Konzerte und
Aufführungen statt.

67 Das Museum Dar Al-Tifl

Politische Botschaften hinter Trachten

Der Besucherandrang in diesem Museum hält sich in Grenzen. Zum einen befindet sich das schöne Herrenhaus mit dem großen Innenhof aus der späten osmanischen Zeit abseits der üblichen Touristenströme in Ost-Jerusalem. Zum anderen kann das palästinensische Volkskundemuseum kaum mit spektakulären Artefakten werben. Aber in dem modernen, sehr gepflegten Haus sind viele schöne, eindrucksvolle Exponate der palästinensischen Geschichte wie traditionelle Trachten und Alltagskleidung, Schmuck, Keramik, Möbel, Teppiche und Waffen, Handwerkszeug, Dokumente und Bücher ausgestellt. Erst auf den zweiten Blick sieht man, dass das »Palestinian Heritage Museum« – nahe des Luxushotels »American Colony« – auch ein sehr politisches Haus ist, das vom Schicksal der Palästinenser erzählt.

Die Begründerin des Museums, Hind Taher Al-Husseini, hatte 1948 zahlreiche Kinder gerettet, die nach einem angeblichen Massaker israelischer Untergrundkämpfer im Dorf Deir Yasin ihre Familien verloren hatten. Israelische Historiker sagen, es habe bei den erbitterten Kämpfen viele zivile Opfer gegeben, weil sich die arabischen Kämpfer in den Häusern der Anwohner verschanzt hätten. Ein palästinensischer Film über die umstrittenen Ereignisse in Deir Yasin wird im Museum gezeigt. Hier gibt es auch ein maßstabsgetreues Modell des Dorfes und eine Karte Palästinas mit den 450 zerstörten arabischen Orten während des israelischen Unabhängigkeitskrieges, den die Palästinenser »Nakba« (Katastrophe) nennen.

1948 machte die Wohltäterin aus der Villa ihres Großvaters ein Waisenhaus. Daraus entstand schließlich ein großes Institut mit zusätzlichen Schulen und Kindergärten an einem anderen Ort in Jerusalem. Das Haus der Familie wurde auf Initiative von Hind Taher Al-Husseini ab 1978 ein Museum zur Bewahrung palästinensischer Kultur, »Museum Al-Tifl Al-Arabi« (Arabisches Kinderhaus), genannt und später umbenannt.

Adresse Abu Obaidah Al-Jarrah Street, Ost-Jerusalem 9795506, Tel. 02/6272531, www.dta-museum.org/en | **ÖPNV** Bus 17, Haltestelle Derekh Schem / Louis Vincent | **Öffnungszeiten** Mo–Mi, Sa 9–15 Uhr, Do 9–18 Uhr | **Tipp** Vom imposanten Grab der Königin Helena von Adiabene (Mesopotamien), etwa im Jahr 50 errichtet, sind nur noch Ruinen mit sieben Grabkammern und 48 Grabnischen zu sehen. Das Grabmal der zum Judentum konvertierten Königin wurde 1895 entdeckt und zunächst für eine Grabanlage der Könige von Judäa gehalten (Saladin Street, Mo–Sa 8–12.30 und 14–17 Uhr).

68 Das »Museum on the Seam«

Kulturprojekt für Israelis und Araber

Dieses Museum soll dem Frieden, der Versöhnung und dem Dialog dienen: zeitgenössische Kunst als Medium, um Grenzen und Konflikte zu erklären und zu überwinden. Symbolträchtig ist das Museum im Gebäude eines früheren israelischen Militärpostens untergebracht; zahlreiche Einschusslöcher an der Fassade der 1932 erbauten arabischen Villa zeugen von den Kämpfen im Sechstagekrieg. Bis 1967 befand sich hier auch das Mandelbaum-Tor, damals der einzige Übergang zwischen jüdischem Westteil und arabischem Osten.

Die politische, religiöse, wirtschaftliche und ethnische Diversität und Zerrissenheit nicht nur in der Region, sondern auch global bilden den Hintergrund der wechselnden Ausstellungen. Bilder, Montagen, Skulpturen, Installationen und Multimedia-Präsentationen sind Themen wie Migration, Vorurteilen, Gewalt oder Sklaverei gewidmet. Präsentiert werden auch Werke von Künstlern aus der arabischen Welt und aus dem Iran. Raphie Etgar, Chef des »Museums auf der Naht« seit dem Start 1999, weiß, dass die Kunst hier oft nicht beschaulich und ästhetisch, sondern zuweilen auch aufwühlend und verstörend ist.

Das unabhängige, vom Staat nicht finanzierte Museum mit reizvollem Dach-Café wird von orthodoxen Juden ebenso besucht wie von Palästinensern. Zu verdanken ist das Projekt einer Initiative des früheren Bürgermeisters von Jerusalem, Teddy Kollek, und des deutschen Verlegers Georg von Holtzbrinck, dessen Familie bis vor Kurzem auch die Finanzierung sicherstellte. Denn die Einnahmen der rund 15.000 Besucher im Jahr reichen dazu kaum.

Zwar zählt die »New York Times« das Museum zu den »29 führenden Kunstorten der Welt«, und viele Lehrer der Stadt haben den Besuch ihrer Klassen ins Pflichtprogramm aufgenommen. Dennoch aber kämpft das auch von Politikern wie dem israelischen Staatspräsidenten oft gerühmte Haus inzwischen mangels Geld um sein Überleben.

RAISE BOYS AND GIRLS THE SAME WAY

Adresse Chel Handasa Street 4, Jerusalem 910160, Tel. 02/6281278, www.mots.org.il | **ÖPNV** Straßenbahn, Bus 3, 17, 19, 66, Haltestelle Shivtel Yisrael | **Öffnungszeiten** Mo, Mi, Do 10–17 Uhr, Di 14–20 Uhr, Fr 10–14 Uhr | **Tipp** Die antike Grabstätte Garden Tomb (Gartengrab) wird von manchen anglikanischen und freikirchlichen Christen für das Grab Jesu gehalten. Die Grabkammer aus römischer Zeit wurde aus einer mehrere Meter hohen Felswand geschlagen, heute ist sie von einer sehr gepflegten, malerischen Gartenanlage umgeben (Conrad Schick Street, Mo–Sa 8–18 Uhr).

69__Das Museum von Saba

Alltagszeugnisse des zionistischen Projekts

Um dieses kuriose Museum besuchen zu können, muss man sich vorher telefonisch anmelden. Denn die Ausstellung von meist alltäglichen Zeugnissen der jüdischen Wiederansiedlung in Palästina ist ein Familienprojekt des Ehepaares Debbie und Jakov Kali. »Sabas kleines Museum« entstand eher zufällig.

Als die Kalis die Farm im Dorf Beit Meir in den Bergen Judäas von Jakovs Eltern vor mehr als drei Jahrzehnten übernahmen, stießen sie mit der Zeit auf dem Anwesen und in der Umgebung auf eine Menge alter und bisweilen sogar antiker Gegenstände: selbst gebasteltes Spielzeug, Möbel, landwirtschaftliche Geräte, Bücher, Kochgeschirr und Bilder, aber auch das Wrack eines gepanzerten Konvoi-Fahrzeugs aus dem Unabhängigkeitskrieg, ein Gewehr aus napoleonischer Zeit und sogar die Reste einer 2.000 Jahre alten Olivenpresse. Viele laienhaft konstruierte Gerätschaften oder sichtlich oft reparierte Apparate spiegeln die widrigen Bedingungen und den Überlebenskampf der zionistischen Pioniere wider. Aus einem geräumigen alten Lagerhaus gestalteten sie das Museum, viele der großen Objekte stehen unter freiem Himmel im großen Garten.

Wirklich würdigen kann man das Sammelsurium von oft schon recht verwitterten Alltagsgegenständen aus über 100 Jahren nur, wenn Jakov oder Debbie die Geschichten dazu erzählen – was sie sichtlich begeistert tun. Ob es altertümliche Waffen, uralte Radio-Empfänger oder Toaster, mühsam reparierte Mähdrescher oder verblichene Dokumente, Fahnen und Bilder sind – die Amateur-Kuratoren dieses Museums können detailreich, lebendig und historisch beschlagen über die Hintergründe und Besonderheiten der Ausstellungsstücke berichten. Die Geschichte des jüdischen Staates wird auf eine ungewöhnliche Weise lebendig.

Um die familiäre Atmosphäre dieses Museums abzurunden, bietet das Ehepaar unter schattigen Bäumen Tee, andere Getränke und selbst gebackene Kekse an.

Adresse Moshav Beit Meir 9086500, Tel. 054/5708592, www.machsanshelsaba.co.il | **Anfahrt** Nationalstraße 1 Richtung Tel Aviv, Ausfahrt Beit Shemesh, Nationalstraße 38, nach 300 Metern in die Nahal Derech Burma Richtung Beit Meir abbiegen | **Öffnungszeiten** Besuche nach Anmeldung: So–Do 7–21 Uhr, Fr 7–15 Uhr, Sa nach Sonnenuntergang bis 21 Uhr | **Tipp** Der nach dem Ex-Premierminister benannte Yitzhak Rabin Park bietet schöne Wanderwege und einen herrlichen Ausblick in die Landschaft Judäas. Ausgrabungsstätten verweisen auf jahrtausendealte Ansiedlungen.

70 Das Musikmuseum

Orientalische Pracht und virtuelle Traumreise

Die faszinierendste Überraschung in diesem Musikmuseum gehört nur am Rande zum Thema der wunderschönen, multimedial zugänglichen Ausstellung historischer Instrumente. Nachdem der Besucher sieben in Dekor und Ausstattung völlig unterschiedliche Räume, die jeweils eine Kulturepoche widerspiegeln, passiert hat, wartet ein eher nüchterner Raum mit Headsets.

Mit ihnen taucht man mit einer unglaublichen Intensität virtuell in die Welt von König Salomon ein, erforscht den ersten heiligen Tempel der Juden mit seinem Thora-Schrein und der Bundeslade. Der virtuelle Besuch der Antike erlaubt es, sich um 360 Grad im Palast zu drehen und sich dem Teil zuzuwenden, der besonders interessiert. Ein kleines Orchester mit Klängen von historischen Instrumenten begleitet die eindrucksvolle virtuelle Reise in die jüdische Vergangenheit.

Das hebräische Musikmuseum fasziniert vor allem durch den gelungenen Versuch, mit Mobiliar, Farben und Formen die Atmosphäre der jeweiligen Epoche herzustellen. Zu sehen sind neben der beeindruckenden Sammlung von fast 300 Musikinstrumenten auch viele interaktive Exponate, mit denen man intensiver in die 2.500 Jahre alte Musikgeschichte und die Traditionen seit den Tagen des babylonischen Exils eintauchen kann. Über zehn Millionen Euro hatte ein privater Investor 2016 in das Museum gesteckt, das ohne staatliche Förderung errichtet wurde.

Beim Eintritt in das Museum erhält der Besucher ein Tablet und einen Kopfhörer, die in verschiedenen Sprachen – auch in Deutsch – durch die Ausstellung führen. Sogar das sehr aufwendig eingerichtete Museumsgeschäft verblüfft mit einer Unzahl von Figuren, Objekten, Nachbildungen, Fotos und historischen Aufnahmen quer durch die Musikgeschichte – nicht nur die jüdische. Der Souvenirladen ist eine Fundgrube für – teilweise nicht ganz billige – Geschenke und Mitbringsel, die einen musikalischen Bezug haben.

Adresse Youel Moshe Solomon Street 12, Jerusalem 9463312, Tel. 072/3281976, www.facebook.com/musicMuseumJerusalem | **ÖPNV** Straßenbahn, Haltestelle Zion Square, dann in die Youl Moshe Solomom Street (Fußgängerzone) | **Öffnungszeiten** So–Do 9.30–20 Uhr, Fr 9.30–13.30 Uhr | **Tipp** Die Yoel Moshe Solomon Street vor dem Museum ist eine reizvolle Gasse, über der im Sommer Hunderte von farbigen, aufgespannten Regenschirmen hängen. Die autofreie Zone ist voller Kunst-, Kram- und Andenkenläden, Schmuckgeschäfte, Galerien, kleiner Cafés und Restaurants.

71 Das nationale Konzerthaus

Hochburg der musikalischen Hochkultur

Der Ort in Jerusalem, wo die Stars und Legenden der Musik, des Balletts und des Tanzes auftreten, ist die »Henry Crown Hall«. Sie ist die zweitgrößte von sechs Bühnen im Jerusalem-Theater, Israels wichtigstem Kulturzentrum, das architektonisch wie eine abweisende Festung aus hellem Jerusalemstein wirkt. Der größte Raum in diesem wuchtigen Bau im Stadtteil Talbieh ist den – in der Regel hebräischen – Theateraufführungen vorbehalten. Vor allem aber in der Konzerthalle mit ihren 760 Plätzen wird musikalische Hochkultur präsentiert, von Klassik bis zu Jazz und Folk. In dieser Halle ist auch das angesehene Jerusalem Symphony Orchestra zu Hause.

Das umfangreiche Programm konzentriert sich neben den klassischen Werken von Mozart, Beethoven oder Tschaikowsky oft auf die zeitgenössische Musik, insbesondere die aus Israel. Das relativ kleine Symphonie-Orchester mit etwa 80 Ensemblemitgliedern hat hier Werke von Komponisten wie Sofia Gubaidulina, Henri Dutilleux oder Alfred Schnittke uraufgeführt.

Die Konzerthalle ist nach einem Mann benannt, der mehr an Fußball und Sport interessiert war als an Musik. Der Millionär Lester Crown aus Chicago hatte in den 60er Jahren neun Millionen Dollar für ein neues Sportstadion in Jerusalem gespendet, das aber nie realisiert wurde. Jerusalems damaliger Bürgermeister Teddy Kollek überredete Crown mit Erfolg, das viele Geld doch lieber dem Kulturprojekt zu widmen. Das Kulturzentrum wurde 1971 eröffnet, die große Konzerthalle wurde nach dem Mäzen benannt, der drittgrößte Saal nach seiner Frau Rebecca und ein Flügel des Baus nach seinen Eltern. Der große Theatersaal erhielt allerdings den Namen eines anderen Spenders, des Unternehmers Miles Sherover. Angesichts der vielen Säle mit oft gleichzeitigen Veranstaltungen ist das Kulturzentrum abends auch ein lebendiger Begegnungsort für Menschen verschiedener Generationen und unterschiedlichster Interessen.

THE SHEROVER THEATRE

תיאטרון שרובר

Adresse Marcus Street 20, Jerusalem 91040, Tel. 02/5605755, www.jerusalem-theatre.co.il |
ÖPNV Bus 13, Haltestelle BeitHaNasi / Islam Museum | **Tipp** Im L.A. Mayer Museum
für Islamische Kunst befindet sich eine der ungewöhnlichsten Uhrensammlungen. Neben
Kunstwerken, Schmuck, Waffen und Musikinstrumenten aus den verschiedenen Epochen
islamischer Kunst gibt es auch Theater- und Musikaufführungen sowie Workshops für
Erwachsene und Kinder (Hapalmach Street 2, Tel. 02/5661291, Mo – Mi 10 – 15 Uhr,
Do 10 – 19 Uhr, Fr, Sa 10 – 14 Uhr).

72　Der Neu-Kabbalist
Thora-Geheimbotschaften im Orthodoxen-Haus

Wer die Geheimnisse der Bibel kennenlernen möchte, muss 44 Stufen hoch in die Wohnung von Avraham Levitt gehen. Der Gelehrte, einst Informatiker in den USA, lebt seit 1997 mit seiner großen Familie in einem modernen Haus im jüdischen Viertel. Die Studierstube im Hochgeschoss ist vollgestellt mit Büchern, Papierstapeln, Grafiken. Dass bei seinen englischsprachigen Vorträgen – zuweilen auf der Terrasse mit freiem Blick auf die Klagemauer – auch kleine Kinder angekrabbelt kommen, ist in dem gastfreundlichen Orthodoxen-Haus ebenso üblich wie das geschäftige Hantieren der züchtig gekleideten jungen Frauen in der Küche.

Dabei geht es hier um kühne Wissenschaft. Levitt ist ein Vertreter der Neuen Kabbalistik, einer Denkrichtung, die traditionelle jüdische Mystik und modernes rationales Denken verbinden will. Diese Wissenschaftler glauben, dass sie damit auch bislang unbekannte Botschaften in der Thora finden können. Vor allem mit Hilfe digitaler Technologie und dem Verzicht auf die traditionelle Lesart – im Hebräischen von rechts nach links – sollen sich neue Inhalte erschließen. Manche Texte werden auch von oben nach unten gelesen und analysiert.

In der Tat kommt da Unglaubliches zutage. Als Beispiel nennt Levitt die Schöpfungsgeschichte. Im ersten Buch Moses heißt es: »Gott sprach, es werde Licht, und es ward Licht.« Levitt erkennt in dem Text, senkrecht betrachtet, streng geometrische Figuren, deren Buchstaben die Worte Bin Laden, Angriff, Zwillingstürme, Mörder, Tausende ergeben. Es handele sich um einen biblischen Hinweis auf den Terroranschlag am 11. September 2001, meint der Kabbalist.

Er und sein Lehrer, der angesehene Mathematik-Professor Eliyahu Rips, sehen sich als Pioniere einer neuen Thora-Forschung. Rips glaubt, gemeinsam mit dem Wissenschaftler Doron Witzum, einen »Bibelcode« entdeckt zu haben. Bisher stehe man aber erst ganz am Anfang dieser Forschung.

Adresse Misgav Ladach Street 30, Jerusalem 9751548, Tel. 058/6403066, www.whycodes.com | **Anfahrt** Zugang zum jüdischen Viertel über Jaffa-Tor oder Damaskus-Tor | **Öffnungszeiten** nach Vereinbarung, Vorträge für Gruppen So–Do 14 Uhr | **Tipp** Die fünf Villen aus der Zeit des zweiten Tempels, die heute ein archäologisches Museum mit rituellen Tauchbädern und mosaikverzierten Baderäumen bilden, befinden sich in der nahen Hakara'im Street. Die Wohnhäuser wurden beim jüdischen Aufstand gegen die Römer im Jahr 70 nach Christus zerstört (Hakara'im Street 1).

73 — Das »Nocturno«

Nachtleben mit Livemusik, Poetry-Slam und Kunst

Das Nocturno ist ein Hotspot für junge Leute in Jerusalem: Tagsüber lockt ein liebevoll eingerichtetes, gemütliches Café-Restaurant mit schicken Korbstühlen und -tischen auf dem breiten, teilweise überdachten Bürgersteig davor. Im großen Raum mit der langen Bar im Untergeschoss – mit einem gläsern abgetrennten Raucherraum – ziehen sich Gäste zurück, die es beim Kaffee oder Mittagessen besonders ruhig haben wollen.

Im ersten Stock des Nocturno gibt es monatlich wechselnde Kunstausstellungen, einen geräumigen Laden mit originellen Produkten aus israelischen Werkstätten sowie Exponate junger Designer und Kunsthandwerker. Einige haben im Nocturno auch ihre Ateliers, darunter ein Goldschmied und ein Lederdesigner. In manchen Ecken stehen Sofas und Sessel oder kleine Konferenztische für Treffen, Workshops und Vorträge aller Art – viele Stammgäste und Besucher hier sind kommunalpolitisch engagiert.

Abends verwandelt sich das Lokal in einen lebhaften Club mit Livemusik, Aufführungen oder auch Poetry-Slam. Fast jeden Abend gibt es ein Programm. Nocturno-Besitzer Amit Magal-Shlechter, der Psychologie und Musikwissenschaft studiert hat, sieht sich selbst als Lokalpatrioten und Kulturmanager, der nicht nur junge Musiker und Künstler fördern, sondern auch das »liberale und pluralistische« Jerusalem stärken möchte. Entsprechend ist sein Lokal auch am Schabbat geöffnet, sogar bis 4 Uhr morgens. Für manche Stammgäste ist es zu einem zweiten Zuhause geworden, in dem sie oft den ganzen Tag vor ihren Laptops sitzen. Nocturno will »gleichzeitig funky und heimelig« sein, sagt Magal-Shlechter.

An den Bars im Erdgeschoss und im Keller gibt es mehrere Biere vom Fass und eine reichhaltige Spirituosen-Auswahl. Die Speisekarte ist ambitioniert: Es gibt israelisch-nahöstliche Klassiker und Kreationen sowie ein umfangreiches Angebot an vegetarischen und veganen Gerichten.

Adresse Bezalel Street 7, Jerusalem 9459107, Tel. 077/7008510, www.facebook.com/pg/Nocturnojerusalem | **ÖPNV** Bus 7, 18, 75, 78, Haltestelle Bezalel/Trumpeldor | **Öffnungszeiten** So–Do 7–24 Uhr, Fr 7–4 Uhr, Sa 7.30–24 Uhr | **Tipp** Keine 100 Meter weiter befindet sich das Wandgemälde »Um die Welt in 92 Tagen« vom naiven Künstler Gabriel Cohen. Auf dem Triptychon an der Fassade des »Gerard Behar Center« (1961 Schauplatz des Eichmann-Prozesses) ist eine lebendige Weltszenerie mit Wahrzeichen wie dem Felsendom, dem Eiffelturm, dem Tadsch Mahal oder den Pyramiden von Gizeh dargestellt (Bezalel Street 11).

74___Das »Notre Dame«

Vatikan-Domizil mit berühmter Küche

Das gewaltige Bauwerk mit der großen Marienstatue über der Hauptfassade wirkt fast wie eine Burg, die über der Altstadt thront. Tatsächlich residierte im »Notre Dame«-Pilgerzentrum lange Jahre der heimliche Repräsentant des Vatikans im Heiligen Land. Bevor Israel und der Heilige Stuhl 1994 diplomatische Beziehungen aufnahmen, galt der Chef dieses luxuriösen Hospizes auch als inoffizieller Botschafter des Vatikans in Jerusalem. Fast 20 Jahre lang war das der aus dem Ruhrgebiet stammende, legendäre Monsignore Richard Mathes. Der hochgebildete und vielsprachige Mann genoss international großen Respekt.

Seit über 100 Jahren dient das Gebäude – früher im Besitz des Männerordens der Assumptionisten – als Herberge für Pilger. Schwer beschädigt von den arabisch-israelischen Kämpfen, blühte das Pilgerzentrum erst nach der israelischen Besetzung Ost-Jerusalems 1967 und der Übernahme des Hauses durch den Vatikan 1972 wieder auf. Nicht nur wegen der großen Lobby mit edlem Mobiliar und Kunstwerken oder wegen des Gourmet-Restaurants fühlen sich Besucher wie in einem Fünfsternehotel.

Für kirchliche Würdenträger und betuchte Pilger ist das »Notre Dame« die erste Adresse in Jerusalem. In den komfortablen Zimmern gibt es WLAN, aber kaum Fernseher; Gäste haben rund um die Uhr die Möglichkeit, mit einem Priester zu sprechen oder die Beichte abzulegen. Besondere Attraktionen sind die Grabtuch-Ausstellung, die vom französischen Künstler Jean Cocteau farbenfroh gestaltete Kapelle sowie eine hochgerühmte Gastronomie. Das Dach-Restaurant, spezialisiert auf Käse und Weine, bietet einen traumhaften Blick auf die Altstadt. Das moderne Auditorium mit 500 Sitzplätzen wurde 2000 von Papst Johannes Paul II. eingeweiht. Geleitet wird »Notre Dame« vom mexikanischen Orden der »Legionäre Christi«. Die hiesige Hotelfachschule hat eine große Bedeutung für die Ausbildung junger Palästinenser.

Adresse HaTsanhanim 3, Jerusalem 9120402, Tel. 02/6279111, www.notredamecenter.org |
ÖPNV Straßenbahn, Haltestelle City Hall; Bus 17, 19a, 30, 49, 66, Haltestelle Min'heret
Tzahal / HaTzankhanim | **Tipp** Die reich geschmückte Salvator-Kirche mit der schönen
Orgel und das Salvatorkloster des Franziskanerordens befinden sich im christlichen Viertel
der Altstadt gegenüber dem »Notre Dame«. Das Kloster wurde 1551, die Kirche 1885 mit
Hilfe von Kaiser Franz Joseph erbaut (Saint Francis 1).

75__Der Palast der Sklavin
Mameluckische Baukunst für einen Flüchtling

Die blassrot-beige gestreiften Fassaden, die gestuften Stalaktitenge-wölbe und die kunstvollen Tornischen mancher Gebäude geben eine Ahnung vom Glanz der mameluckischen Herrschaft in der Heili-gen Stadt. Aber der ehemalige, geheimnisumwitterte Palastbau »Se-rai es-Sitt Tunshuq« in der Aqabat-at-Takiya Street ist in keinem guten Zustand. Den Palast soll der Überlieferung nach Prinzessin Tunshuq 1388 während ihres Exils in Jerusalem gebaut haben. Bei ihr handelte es sich aber nicht um eine echte Edelfrau, sondern um eine ehemalige Sklavin, die aus der Türkei oder Mongolei geflohen sein soll. Das inzwischen etwas baufällige Haus mit den drei Toren, in dem die Frau elf Jahre lebte, dient heute als ein arabisches Waisen-haus für Jungen. Vor ihrem Tod 1399 hatte Tunshuq direkt gegen-über dem Palast ein Mausoleum errichten lassen, in dem sich hinter den beiden vergitterten Fenstern ihr Grab befindet.

Die Spuren der Mamelucken finden sich verstreut im südlichen Teil der muslimischen Altstadt und sind meist an den streng hell-dunkel gestreiften Fassadenteilen zu erkennen. Die Mamelucken aus Ägypten, die von ehemaligen Kriegersklaven abstammen, waren im 13. Jahrhundert während vieler Kämpfe gegen Kreuzzügler und Mongolenstämme zur Macht gekommen. Nachdem die Mame-lucken 1291 in Akko die letzte Bastion der Kreuzfahrer erobert und die Mongolen aus Syrien herausgedrängt hatten, beherrschten sie für etwa zwei Jahrhunderte weite Teile der Region.

In Palästina schwand die Zahl der Christen, Kirchen und christ-liche Bauten verfielen. In Jerusalem bauten die Mamelucken Koran-schulen und Pilgerheime, meist mit glatt behauenem Stein in Rot, Weiß und Schwarz. Heute befinden sich in diesen Bauten Wohnun-gen, Besucher können nur hin und wieder durch ein offenes Tor in das Innere oder in einen Innenhof schauen. Am ehesten lässt sich die mameluckische Baukunst in der Pilgerherberge Ribat Mansuri bewundern.

Adresse Aqabat-at-Takiya Street, Jerusalem 91140 | **ÖPNV** Straßenbahn, Haltestelle Damaskus-Tor, vom Tor in die Beit HaBad Street, dann links in die Aqabat-at-Takiya Street | **Tipp** Der 1537 erbaute Brunnen Sebil Bab An-Nazir gehört zu den sieben Brunnen, die die Osmanen in der Altstadt bauten. Der Brunnenbau mit den gewundenen Säulen ist reich verziert mit Rosetten und Girlanden (Alaa Ad Din Street, am Ende der Aqabat-at-Takiya Street).

76__Der Palazzo Vecchio

Italienischer Renaissance-Bau als Ministerium

Die Architektur dieses prächtigen Bauwerks hatte eine politische Botschaft. Das zwischen 1911 und 1917 erbaute italienische Krankenhaus im Stil der florentinischen Renaissance sollte Italiens Präsenz im Heiligen Land unterstreichen – auch andere Staaten suchten damals mit heimischer Architektur ihre Bedeutung zu demonstrieren.

Das zentrale Gebäude des früheren Krankenhauses und der 26 Meter hohe schlanke Glockenturm erinnern deutlich an das Rathaus von Florenz, den majestätischen Palazzo Vecchio. Die Kapelle hat eher gotische Elemente, wie sie in der Architektur Venedigs zu finden sind. Die Fassaden sind verziert mit Motiven und Emblemen italienischer Regionen und Städte wie dem einen Drachen tötenden heiligen Georg und der römischen Wölfin mit Romulus und Remus.

Dem römischen Star-Architekten Antonio Barluzzi und seinem Bruder Giulio gelang es eindrucksvoll, an der historischen »Straße der Propheten« ein Stück Italien in das Stadtbild von Jerusalem zu verpflanzen, mit einem Gebäude, das auch heute noch zu den schönsten der Stadt zählt. Antonio Barluzzi (1884–1960) wurde auch als »Architekt des Heiligen Landes« bekannt, weil er mehrere Kapellen und Kirchen – so die Wallfahrtskirche im Garten von Gethsemane und die Calvary-Kapelle in der Grabeskirche – entwarf.

Das italienische Krankenhaus mit 100 Betten wurde anfangs von Nonnen geleitet und erwarb sich rasch hohes Ansehen. Der Einfluss Italiens im Heiligen Land allerdings wurde nicht merklich größer. Im Ersten Weltkrieg besetzten die osmanischen Behörden die Klinik, im Zweiten Weltkrieg beschlagnahmte dann die britische Luftwaffe das Krankenhaus. Während des Unabhängigkeitskrieges nutzten die zionistischen Untergrundkämpfer den Bau als wichtigen Vorposten gegen die jordanischen Militärs. 1963 kaufte der israelische Staat das Krankenhaus und funktionierte es zum Ministerium für Bildung und Kultur um.

Adresse Shivtei Israel Street 29, Jerusalem 9510552 | **ÖPNV** Straßenbahn, Bus 17, 19, 66, Haltestelle Shivtel Yisrael | **Tipp** Das historische Tabor-Haus mit einem Turm, einer kleinen Kirche und einem pittoresken Innenhof wurde 1882 vom deutschen Archäologen, Missionar und Architekten Conrad Schick gebaut. Der Bau mit verschiedenen architektonischen Stilelementen ist heute Sitz des Theologischen Instituts der schwedischen Protestanten.

77__Der Pariser Salon
Pracht des Empire im Israel-Museum

Nachdem der Besucher ein kleines Vorzimmer im Empire-Stil passiert hat, betritt er die längst untergegangene Welt des Feudalismus in Frankreich. Mit jedem authentischen Detail fühlt man sich in die glanzvolle, pompöse Rokokozeit des 18. Jahrhunderts, einer Zeit der Lebensfreude und des Genusses (für den Adel), versetzt. Damals gehörte der Salon mit den schweren goldenen Lüstern an der Decke und den zahlreichen Kerzen-Kandelabern zur Pariser Stadtresidenz eines Grafen in der Rue du Bac. Fachzeitschriften haben diesen Ausstellungsraum im Museum als »ein Meisterwerk der historischen Authentizität« beschrieben – wobei einige Experten das auch bestreiten.

Der Stil des verspielten, zierlichen und reich verzierten Mobiliars, benannt nach Ludwig XV., »Louis-quinze«, wird in drei großen Spiegeln deutlich und scheint den großen, opulent eingerichteten Salon mit goldverziertem Stuck und schweren Vorhängen noch zu vergrößern. Die zwei Gobelin-Teppiche an der Wand waren einst eigens für jenen König Louis XV. gewoben worden. Über den Türen des Salons finden sich allegorische Darstellungen der vier Kontinente Europa, Asien, Afrika und Amerika, eine Marmorstatue und viele Kerzenleuchter schmücken den Salon, in dem sich Voltaire und Madame de Pompadour vermutlich zu Hause gefühlt hätten.

Ende des 19. Jahrhunderts gehörte das feine Haus dem legendären Baron Edmond de Rothschild, der in der jüdischen Welt als »Ha-Nadiv« (Der Wohltäter) bekannt war. Er war ein leidenschaftlicher Anhänger der zionistischen Idee und investierte enorme Summen in den Kauf von Grundstücken und Ländereien in Palästina. Rothschild förderte jüdische Siedlungen und startete den Weinanbau in Judäa. 1924 begründete er die »Palestine Jewish Colonization Association«, die mehr als 500 Quadratkilometer Fläche in Palästina erwarb. Rothschilds Enkel spendeten den Pariser Salon 1969 dem Israel-Museum.

Adresse Derech Ruppin Boulevard 11, Jerusalem 9171002, Tel. 02/6708811 | **ÖPNV** Bus 14, 66, Haltestelle Israel Museum | **Öffnungszeiten** Sa–Mo, Mi, Do 10–17 Uhr, Di 16–19 Uhr | **Tipp** Der »Schrein des Buches« ist die Hauptattraktion des Israel-Museums. Das eindrucksvolle Gebäude mit dem rundzeltähnlichen weißen Dach birgt Originale und Faksimiles antiker Schriftrollen des Alten Testaments und andere Fundstücke von Qumran am Toten Meer.

78 Der Park von G. W. Bush

Schüchterne Lichter-Botschaft am Straßenrand

Es gibt nicht viele Denkmäler, die so dezent sind wie der kleine Platz zu Ehren des früheren US-Präsidenten George W. Bush gegenüber der Mamilla-Mall. Allerdings gibt es auch wenige Monumente, zu denen ein nachts illuminierter Baum mit einer blinkenden Lichterkette – wie bei einem Weihnachtsbaum – gehört. Die »George W. Bush Plaza« ist auch deshalb etwas Besonderes, weil diesem international wenig populären Präsidenten (2001–2009), der den zweiten Irakkrieg mit fragwürdiger Begründung begann und recht erfolglos führte, überhaupt sehr wenige Denkmäler gewidmet sind.

Der Eckplatz in hellem Jerusalemstein mit einigen Bäumen und drei Sitzbänken ist eine beliebte Oase der Ruhe an dieser verkehrsreichen Straße. Ein kleiner Gedenkstein erinnert an den Staatsbesuch des republikanischen Präsidenten 2008, des »loyalen Partners« Israels, wie es eingemeißelt wurde.

Finanziert wurde der Platz von der privaten »New Jerusalem Foundation«, die sich bis heute um den Erhalt kümmert. Staatliche Gelder fließen nicht. Eine Erklärung dafür mag auch sein, dass die damaligen Beziehungen zwischen Israel und der Bush-Regierung nicht unbelastet waren. Kurz bevor Bush Jerusalem besuchte, wurde offiziell ein wichtiger Platz der Stadt nach dem in den USA wegen Spionage inhaftierten Jonathan Pollard benannt. Eine Begnadigung des Israelis lehnte Bush trotz Bitten der israelischen Regierung in Jerusalem ab.

Die Hintergründe des unauffälligen Denkmals beleuchten die besonderen Beziehungen zwischen Israel und den USA, dem traditionell wichtigsten und treuesten Verbündeten des jüdischen Staates. Nachdem US-Präsident Donald Trump 2018 die Verlegung des Botschaftersitzes von Tel Aviv nach Jerusalem anordnete, ist der Republikaner für viele Israelis ein Held. »Trump, du hast Israel wieder groß gemacht«, stand auf Englisch monatelang auf verschiedenen großen Transparenten an Jerusalemer Gebäuden.

Adresse George W. Bush Plaza, an der King David Street / Agron Street, Jerusalem 9418118 | **ÖPNV** Straßenbahn, Haltestelle City Hall | **Tipp** Das Gourmet-Restaurant »1868« wird wegen seiner innovativen Küche und den ungewöhnlichen Kombinationen wie Ente mit verschiedenen Früchten oder Kalbsbries mit Zwiebel-Confit gerühmt. Das Lokal in einem alten Steinhaus hat einen sehr schönen kleinen Garten (King David Street 10, Tel. 02/6222312, www.1868.co.il).

79 Das »Perfuniq«
Werkstatt für persönliche Parfüms

Dieser Laden ist mehr als eine Parfümerie. Er ist auch eine offene Werkstatt, in dem der Kunde spielerisch in die Kreation eines besonderen, mit Sicherheit einzigartigen Duftes einbezogen wird. Ein »Parfüm für Ihre Persönlichkeit« verspricht »Perfuniq«-Besitzer Shahar Schwartz.

Auf einem Barhocker sitzend, umgeben von Hunderten von Reagenzgläsern, Fläschchen und Flacons mit Ölen, Essenzen und anderen Ingredienzien, beginnt es für den Kunden mit einigen diskreten Fragen der Mitarbeiterinnen oder des Chefs. Oft sind es Männer, die hier ein originelles Mitbringsel für ihre Frau oder Freundin daheim erwerben möchten und sie deshalb ein wenig beschreiben müssen: Welche Jahreszeit, Farbe oder Delikatesse liebt sie beispielsweise besonders? Hat sie Allergien? Mag sie scharfe Speisen? Schwartz und seine Mitarbeiterinnen möchten sich zumindest ein vages Bild machen, um dann gemeinsam mit dem Kunden einen direkt auf die Person zugeschnittenen Duft zu komponieren.

Aufgrund des Interviews wird eine stattliche Vorauswahl an Substanzen in dunklen Glasgefäßen getroffen. Sodann schnüffelt sich der Käufer durch Dutzende von Duftproben auf schmalen Pappstreifen, hin und wieder unterbrochen von einem Glas Wasser und einer Kaffeebohne, die den Geruchssinn neutralisieren und auffrischen sollen. Gefragt wird der Kunde bei jeder Essenz lediglich, wie sehr sie ihm zusagt. Hat sich dann nach einer guten halben Stunde die Zahl der Gläser und Fläschchen gelichtet, bleibt etwa ein gutes Dutzend Düfte übrig, aus denen der Parfümier schließlich die einmalige Duftkreation schafft.

Zur Wahl steht auch eine große Zahl Flacons mit unterschiedlichem Design. Der Kunde entscheidet auch über Namen und Schriftzug sowie schließlich über die Geschenkverpackung. Schwartz versichert, seine beiden Läden in Jerusalem und New York seien die einzigen in der Welt, die einen solchen Parfüm-Service anböten.

Adresse Ben Sira Street 24, Jerusalem 9418118, Tel. 052/4443900, www. perfuniq.com |
ÖPNV Bus 13, 19, 387, Haltestelle Mamilla / Agron Street | **Öffnungszeiten** So – Do
11 – 23 Uhr, Fr 11 – 15 Uhr | **Tipp** Der Mamilla-Friedhof ist ein historischer muslimischer
Friedhof, auf dem Gefährten des Propheten Mohammed aus dem 7. Jahrhundert begraben
sein sollen. Nur noch Teile des alten Friedhofs sind erhalten, darunter auch das Grabmal
des Emirs Aidughi Kubaki und mehrere Sufi-Schreine (Gershon-Agron Street).

80 — Die Pyramide

Große Architektur unter Freimaurer-Verdacht

Das Oberste Gericht gilt als ein architektonisches Meisterwerk. Die »New York Times« bezeichnete das postmoderne Bauwerk mit byzantinischen und islamischen Stilelementen als Israels schönstes öffentliches Gebäude. Der Gerichtshof genießt hohes Ansehen, auch weil er sich nicht scheut, Regierung und Militärs in die Schranken zu weisen. Das »Supreme Court« stoppte die Ausweisung afrikanischer Flüchtlinge oder umstrittene Armee-Taktiken im Kampf gegen Terroristen. Das Gericht stand aber auch im Zentrum von Verschwörungstheorien, die sich schon an der viel gerühmten Architektur des Gebäudes festmachen lassen.

Das Geschenk von Dorothy de Rothschild an Israel ist demnach durchdrungen von magischen Symbolen der Freimaurer und der Illuminaten. Diabolische Geolinien verknüpften das Gericht mit der Knesset, der Zentralbank und dem Rockefeller-Museum. Vor allem die Pyramide auf dem Dach, mit gläsernen Rundfenstern und dem göttlichen Auge, dem gleichen Symbol wie auf den US-Dollar-Noten, beweise das Wirken der Illuminati.

Architekturkritiker lobten das komplexe Design des lichtdurchfluteten Bauwerks, entworfen vom türkischen Architekten Ram Karmi, einem Vertreter des (viel mit sichtbarem Beton arbeitenden) Brutalismus, sowie seiner Schwester Ada Karmi-Melamede. Sie suchten im 1992 eröffneten Bau biblische Bezüge herzustellen. Am Eingang wurde das kunstvolle Mosaik einer antiken Synagoge integriert. Faszinierend ist auch die dreistöckige Bibliothek. Die im Inneren des Baus oft verwendeten Gegensätze von Alt und Neu, Licht und Schatten oder Schmal und Breit sind für Verschwörungstheoretiker weitere »okkulte Symbole« des Antichristen.

Das Oberste Gericht liegt zwischen der Residenz des Premiers und dem Parlament, die mit einem Gang direkt verbunden sind. Die Anlage soll die Verbindung zwischen Judikative, Legislative und Exekutive in der Demokratie symbolisieren.

Adresse Kiryat Ben-Gurion, Shaare Mishpat Street 1, Jerusalem 9195001, Tel. 077/2703333, www.elyon1.court.gov.il | **ÖPNV** Bus 7, 7a, 14, 66, Haltestelle Knesset | **Öffnungszeiten** Mo, Di, Do 8–16 Uhr, Mi, So 8–18 Uhr, Fr 8–12 Uhr, Führungen in Englisch So–Do 12 Uhr | **Tipp** Das kleine Museum des Gerichtshofs enthält zahlreiche Dokumente und Gegenstände aus der Zeit der osmanischen Herrschaft, der britischen Mandatszeit und der jüngeren Vergangenheit.

81 Der Qubbat el-Arwah

Der Geisterdom für den Jüngsten Tag

Der kleine, achteckige Kuppelbau auf acht schlanken Säulen hat für Muslime eine mehrfache Bedeutung. Nach islamischer Überlieferung sollen sich hier die Seelen der frommen Muslime versammeln, um nachts zu beten. Hier hat Mohammed demnach mit den biblischen Propheten des Alten und Neuen Bundes gesprochen. Schließlich würden hier am Jüngsten Tag die Seelen der Gläubigen zusammenkommen. Für die Juden steht der Geisterdom, der auch Seelendom und Dom der Winde genannt wird, genau dort, wo einst der zweite Tempel stand. Zu bestimmten, ausgewählten Zeiten dürfen auch Juden die islamischen Gebetsstätten besuchen.

Der Geisterdom, erbaut über einer islamischen Gebetsnische (Mihrab), befindet sich am nordwestlichen Ende der riesigen Terrasse, auf der auch der Felsendom und die Al-Aksa-Moschee stehen. Das frei stehende Gebäude mit der schweren, halbkugelförmigen Kuppel steht auf einer einteiligen weißen Steinplatte.

Es gibt keine gesicherten Erkenntnisse über die Geschichte des Qubbat e-Arwah (übersetzt: Kuppel der Geister), es ist unklar, wer das kleine Bauwerk errichtete und wann. Spekuliert wird, dass ein reicher islamischer Spender bewusst anonym bleiben wollte. Schriftlich erwähnt wird das Gebäude, das vermutlich im frühen 15. Jahrhundert entstand, erstmals von Muhammad Agha, dem Verwalter der Heiligen Stätten des Sultanats im 17. Jahrhundert. In den Notizen geht es um die Öllampe und deren Wartung in der Gebetsnische.

Für nicht muslimische Besucher gibt es strenge Regeln für den Besuch der Heiligen Stätten des Islam in Jerusalem. Der Zugang zum Felsendom und zur Al-Aksa-Moschee war 2017 und 2018 für Nichtmuslime weitgehend verboten. Der Geisterdom sowie der große Platz, wo sich am Freitag manchmal mehr als eine Million Muslime zum Gebet versammeln, ist zu bestimmten Zeiten und an ausgewählten Eingängen frei zugänglich.

Adresse Tempelberg, muslimisches Viertel, Jerusalem 9114101 | **ÖPNV** Straßenbahn, Haltestelle Damaskus-Tor, hinter dem Tor in die El Wad Street einbiegen | **Öffnungszeiten** Winter: 7.30 – 10.30 und 12.30 – 13.30 Uhr, Sommer: 8.30 – 11.30 und 13.30 – 14.30 Uhr | **Tipp** Der Felsendom und die Al-Aksa-Moschee sind grandiose Bauwerke. Der Felsendom, im 7. Jahrhundert gebaut und eines der bedeutendsten Bauwerke des Islam, ist für die Juden der Ort, an dem sich der Stein befindet, auf dem die Welt gegründet wurde, und an dem Abraham seinen Sohn opfern wollte.

82 Das Razzouk Ink

Tattoos für Pilger seit 700 Jahren

Schon im 14. Jahrhundert stachen Vorfahren von Wazzim Razzouk in Jerusalem Pilgern die Zeichen ihres Glaubens in die Haut. Während für religiöse Juden und Moslems Tattoos tabu sind, legten schon manche Frühchristen damit erkennbar Zeugnis ihres neuen Glaubens ab. Auf den Kreuzzügen tätowierten sich die Kämpfer des Abendlands, damit sie im Todesfall auf dem Schlachtfeld identifiziert und christlich begraben werden konnten. Seit den Kreuzfahrern gehört für viele Christen der religiöse Hautschmuck zu den wichtigen Pflichten einer Pilgerfahrt ins Heilige Land.

Im Razzouk Ink, nicht weit vom Jaffa-Tor entfernt, ist diese Tradition dank der koptisch-christlichen Razzouk-Familie, die einst aus Ägypten einwanderte, seit über 700 Jahren lebendig. In dem kleinen, mit historischen Fotos und Zeitungsausschnitten geschmückten, technisch modernen Tattoo-Salon finden sich noch viele mittelalterliche Instrumente wie handgeschnitzte Olivenholzstempel und Nadeln – bis zu 600 Pilger wurden früher mit einer einzigen Nadel geritzt.

Im Unterschied zur Technik haben sich die Motive wenig verändert: Kreuze, Jesus- und Heiligenbilder oder biblische Szenen sind so populär wie zu Kreuzritter-Zeiten.

Wazzim Razzouk hofft, dass sein Sohn einmal das florierende Geschäft übernehmen wird. Er selbst hatte als junger Mann sein Glück in der Gastronomie gesucht. Eines Tages stieß er auf ein altes Interview mit seinem Vater Anton, in dem dieser tieftraurig über das drohende Ende der Familientradition sprach. Wazzim war schockiert, hatte sein Vater ihn deshalb doch nie kritisiert oder bedrängt. Für diesen historischen Bruch wollte der Sohn nicht verantwortlich sein, und er trat in die Fußstapfen seiner Vorfahren. Es sei die beste Entscheidung seines Lebens gewesen, sagt er. Wer dem leidenschaftlichen Tattoo-Künstler bei der akribischen Arbeit zusieht, zweifelt nicht an seinen Worten.

Adresse Greek Catholic Patriarchate Street 13, Jerusalem 97300, Tel. 02/5353106, www.razzouktattoo.com, www.facebook.com/RazzoukInk | **Anfahrt** nach dem Jaffa-Tor zweite Straße links ins christliche Viertel | **Öffnungszeiten** Mo–So 10–19 Uhr | **Tipp** Das reizende, komfortabel-altmodische Gloria Hotel mit Bar und Restaurant ist das einzige Touristenhotel (nicht in erster Linie für Pilger) innerhalb der Stadtmauern. Der Blick von der Dachterrasse ist herrlich (Latin Patriarchate Street 33).

83 Das Rothschild-Haus

Faszinierend nicht nur zum Lichterfest

An einem der größten und eindrucksvollsten Plätze in der Altstadt, dem Batei-Mahseh-Platz, befindet sich das imposante Rothschild-Haus mit seiner doppelstöckigen Arkaden-Fassade. Der Platz liegt im Zentrum des jüdischen Viertels, das ab Mitte des 19. Jahrhunderts wieder Gestalt annahm und heute ein Schmuckstück moderner Architektur mit historischen Elementen ist. Deutsche und holländische Juden hatten hier von Arabern Land aufgekauft, um die jüdische Wiederansiedlung zu intensivieren. Zwar waren schon viele Juden zuvor in die Heilige Stadt geströmt, aber die meisten wohnten unter erbärmlichen Bedingungen in den teilweise schäbigen Holzhäusern der Araber.

Um vor allem ärmeren Familien zu helfen, die alten, überfüllten Quartiere ohne ausreichende sanitäre Einrichtungen zu verlassen, finanzierte 1871 der Frankfurter Bankier Baron Wilhelm Carl von Rothschild die Errichtung des eleganten Gebäudes. Wie andere damals neu errichtete Häuser an dem Platz – der auch »Deutscher Platz« genannt wird – bot das Rothschild-Haus mit seinen markanten Rundbögen auf zwei Etagen für damalige Zeiten einigen Komfort. Ungewöhnlich war auch, dass das Gebäude für die Öfen im Haus steinerne Schornsteine bekam.

Das Rothschild-Haus, das unter jordanischer Kontrolle zunehmend verfiel, wurde nach dem Sechstagekrieg saniert. Heute befinden sich in dem für Jerusalem typischen Gebäude eine Thora-Schule und die Büros der Organisation für die Rekonstruktion und Entwicklung des jüdischen Viertels. Vor dem Haus steht der Rest einer Säule in griechischem Stil aus dem 1. Jahrhundert vor Christus.

In besonderem Glanz erstrahlt das Gebäude jedes Jahr zum Festival der Lichter. Dann verwandeln sich die historischen Stätten in der Altstadt mit Hilfe von Lichteffekten zu einem lebendigen Kunstwerk. Das Rothschild-Haus beteiligt sich jedes Jahr mit immer neuen Videoinstallationen.

Adresse Batei Mahseh Square, jüdisches Viertel, Jerusalem 9751494 | **Anfahrt** Zugang zur Altstadt am besten vom Zionstor | **Tipp** Etwa 300 Meter entfernt befindet sich die Ausgrabungsstätte »Ophel – Archäologischer Garten«. Bei den seit 1968 stattfindenden Grabungen wurden in insgesamt 25 Schichten Ruinen von Bauten unterschiedlicher Herrscher aus 2.500 Jahren entdeckt.

84 — Der Schrein Jesu

Zerstrittene Christen am heiligsten Ort

Der Schrein mit dem Grab Jesu strahlt seit 2017 in neuem Glanz. Die Ädikula, wie der Bau über dem heiligsten Ort der Christen heißt, ist von Stahlgerüsten befreit. Touristen und Pilger, die oft in langen Schlangen vor dem Eingang in die kleinen, dunklen Kammern mit dem Grabstein und den Altären warten, haben nach der aufwendigen Restaurierung wieder Zugang zum zentralen Bauwerk der Grabeskirche. Das ist kaum ein Verdienst der sechs Kirchen, die in dem komplexen Bauwerk mit den vielen Kapellen und Altären zu Hause sind. Denn die Geistlichen sind seit Jahrhunderten tief zerstritten.

So war es auch bei der Frage der Restaurierung. Die Hüter des Heiligtums, die griechischen und armenischen Orthodoxen sowie die Kopten und Katholiken, konnten sich nicht einmal darüber einigen, wer Kerzenreste beseitigen oder Treppen fegen darf. Angesichts der gefährlich bröckelnden Ädikula ließ die israelische Altertumsbehörde den Kirchen keine Wahl. Das Amt drohte, die Kirche wegen Lebensgefahr ganz zu schließen. Bereits 1947 waren die Briten ähnlich wie die Israelis vorgegangen. Fremdbestimmung hat in der Grabeskirche Tradition. Seit osmanischen Zeiten haben zwei muslimische Familien Hausrecht und Schlüsselgewalt. Über die Rechte in der Kirche entscheidet der vor 160 Jahren vom Sultan letztmalig festgeschriebene Status quo.

Die komplizierten Bauarbeiten unter griechischer Federführung in der Grabeskirche sind ein Glücksfall für die jährlich 1,5 Millionen Besucher. Die Malereien mit Motiven der Auferstehung Jesu an Decken und Wänden sind vom Schmutz befreit und wieder deutlich sichtbar. Ein neues Fenster ermöglicht nun den Blick in das antike Felsengrab darunter. Archäologen allerdings kamen bei den Arbeiten – wie der erstmaligen Öffnung der Grabplatte nach fast 200 Jahren – nicht zum Zug. Das hatten die Kirchen zur Enttäuschung der Wissenschaftler durchgesetzt.

Adresse Sukh el-Dabbagha, Jerusalem 9114002 | **ÖPNV** Straßenbahn, Haltestelle City Hall, dann zum Jaffa-Tor und über David Street und Christian Quarter Street zum Sukh el-Dabbagha | **Öffnungszeiten** Die Muslime mit Schlüsselgewalt öffnen bei Sonnenaufgang und schließen bei Sonnenuntergang. | **Tipp** »Zalatimo«, ein kleines, etwas verstecktes Café um die Ecke, ist seit 200 Jahren im Besitz der Familie Zalatimo. Spezialität ist die gewürzte Blätterteig-Tasche Mutabak, die es raffiniert aromatisiert, mit Nüssen oder mit Käse gibt. Eine Wand des Cafés soll aus der Zeit von Herodes stammen.

85 Das Schtetl
Zeitreise in Mea Shearim

Wer nach Mea Shearim, in die Hochburg der orthodoxen Juden, kommt, fühlt sich in die untergegangene Welt der Schtetl versetzt, der Dörfer und Viertel der aschkenasischen Juden Osteuropas. Vor allem am Schabbat, wenn der ohnehin spärliche Verkehr strikt verbannt ist, herrscht in den verwinkelten Gassen mit den niedrigen Häusern, in denen es keine Fernseher und Radios gibt, eine unzeitgemäße Ruhe.

Nur Stimmen sind zu hören. In den Hinterhöfen, auf den Plätzen und Sträßchen tollen unzählige dunkel gekleidete Buben mit Schläfenlocken und Mädchen in knöchellangen Kleidern. Das Viertel wirkt wenig gepflegt, oft schäbig und heruntergekommen. Auf Balkonen und Veranden hängt Wäsche, stapelt sich Gerümpel. Synagogen, schmuddelige Gemischtwaren-Läden, altmodische Handwerksbetriebe, überladene Geschäfte mit Judaica und Schmuck prägen das Straßenbild. An den Hauswänden Informations- und Agitations-Poster sowie gammelige Sammelbüchsen der verschiedenen, untereinander oft verfeindeten chassidischen Gruppen. Die Botschaft von alldem: Hier zählen höhere Werte als Äußerlichkeiten im Straßenbild.

Der deutsche evangelische Architekt und Missionar Conrad Schick hatte Mea Shearim 1846 entworfen, um für fromme Juden eine Alternative zur überfüllten Altstadt zu schaffen. Bis 1900 entstanden hier etwa 300 Wohnhäuser, eine Getreidemühle, eine Bäckerei. Hier wird bis heute jiddisch oder englisch gesprochen. Hebräisch ist für orthodoxe Juden, die sich selbst »Haredin« (Die vor Gott Erzitternden) nennen, dem Gebet und den Heiligen Schriften vorbehalten.

Unter den orthodoxen Gruppen gibt es traditionell auch strikte Gegner des Zionismus, die ein weltliches Israel als gotteslästerlich ablehnen. Organisationen wie Neturei Karta demonstrieren deshalb nicht nur in Europa gemeinsam mit Antisemiten und radikalen Palästinensern gegen Israel, sondern oft auch mitten in Mea Shearim.

Adresse Eingang von vielen Seiten, beliebt: Ecke Shlomo Zalman Baharan Street / HaRav Shmuel Salant Street | **ÖPNV** Straßenbahn, Haltestelle City Hall oder Jaffa Center; Bus 1, 22, 34, Haltestelle Straus / Prague | **Öffnungszeiten** Es empfiehlt sich, nicht am Schabbat nach Mea Shearim zu gehen, stets aber dezent gekleidet und nie in größeren Gruppen, da die Bewohner nicht wie im Museum begutachtet werden möchten. Die Orthodoxen wehren sich zuweilen rabiat gegen aus ihrer Sicht respektlose Eindringlinge. | **Tipp** Die »Olive Wood Factory« ist ein traditionsreiches Olivenholz-Geschäft mit eigener Produktion. Judaica, aber auch viele Alltagsgegenstände und personalisierte Türschilder gibt es zu relativ gemäßigten Preisen (Mea Shearim Street 26).

86　Das sephardische Deli

Stolz auf Spezialitäten der Schtetl

Uri und seine Brüder sind stolz auf ihr Ansehen und ihren Erfolg auf dem härtesten Markt für israelische Spezialitäten in Jerusalem, dem berühmten Mahane-Yehuda-Markt. In dem unscheinbaren Eckladen drängeln sich die Kunden oft vor den Auslagen mit Dutzenden von Salaten, Käsesorten und frittiertem Gemüse, den verschieden eingelegten Oliven und den marinierten und geräucherten Fischfilets.

Die Kundschaft ist fast ein Spiegelbild der israelischen Gesellschaft. Bis auf Araber kommen sie alle: der orthodoxe Jude mit Gebetsriemen und schwarzem Mantel, die greise, gebeugte Dame, fein gekleidet, wie sich das in ihrer alten europäischen Heimat gehörte, der junge Hipster von der Start-up-Firma, der durchtrainierte Armeeoffizier, die junge Mutter im langen Kleid, an das sich zwei kleine Kinder klammern. Nirgendwo in Jerusalem zeigt sich die soziale Vielfalt deutlicher als auf dem turbulenten Mahane-Yehuda-Markt mit seinen 250 Ständen, Läden und Geschäften für Obst, Gemüse, Fleisch, Fisch, Backwaren, Nüsse, Gewürze, Kräutermischungen und getrocknete Früchte.

Als Uris Großvater Ende 1949 nach Jerusalem kam, begann er mit einer Metzgerei, wechselte aber ins Heimwerker-Fach. Vor über 40 Jahren dann erfüllten sich seine Söhne den Familientraum und eröffneten den Feinkostladen. Obwohl sie einer sephardischen Familie aus Kurdistan entstammen, war es ihr Ehrgeiz, neben orientalischen Speisen wie »Kube« (unterschiedlich zubereitete Reiskugeln) oder »Schug« (scharfe Kräutersauce) auch die berühmten Spezialitäten der osteuropäischen Juden, der Ashkenasen, anzubieten. Inzwischen rühmen Kunden besonders die gehackte Hühnerleber, den altmodischen Eiersalat und den »gefüllten Fisch« – alles selbst zubereitet, wobei Kunden besser direkt danach fragen sollten. Denn diese Delikatessen sind sehr empfindlich, liegen oft nicht in der Auslage, sondern im großen Kühlraum.

Adresse Ecke Mahane Yehuda Street 18 / Eshkol Street 2, Jerusalem 9430024, www.madany-ori.co.il, www.en.machne.co.il | **ÖPNV** Straßenbahn, Haltestelle Mahane Yehuda | **Öffnungszeiten** So–Do 8–18 Uhr, Fr 8–15 Uhr | **Tipp** Das Restaurant Azura in einem Hinterhof am Rande des Marktes ist ein preisgünstiger, populärer Familienbetrieb türkischstämmiger Juden. Geboten werden deftige orientalische Spezialitäten wie mit Hackfleisch und Pinienkernen gefüllte Auberginen in Zimtsauce (Ha-Eshkol Street 4, So–Do 10–16 Uhr, Fr 10–14 Uhr).

87 Die Shawar-Bäckerei

Familienbetrieb mit 300-jähriger Tradition

In dieser Bäckerei in einem uralten Gemäuer des christlichen Viertels befindet sich sehr versteckt und von außen kaum sichtbar eines der schönsten Cafés von Jerusalem. Der kleine, familiäre Gastraum mit bequemen, stoffbezogenen Sitzbänken und großen orientalischen Kissen, Tischchen aus Olivenholz und schweren, fein ziselierten Kupfertabletts befindet sich im ersten Stock des Ladens und ist über eine schmale Treppe mit Kupfergeländer erreichbar. Neben den Keksen, Törtchen, Biskuits und dem Fettgebäck des Hauses gibt es hier frisch zubereiteten türkischen oder italienischen Kaffee, verschiedene Teesorten und frisch gepresste Säfte aus Granatäpfeln oder Orangen.

»Shawar's Bakery & Patisserie« befindet sich seit 300 Jahren in Familienbesitz. Die süßen Spezialitäten wie die verschiedenen Varianten von Baklava (Nussmischungen in Filo-Teig) werden nach traditionellen Rezepten im großen Backofen gebacken. Bemerkenswert sind auch die kleinen cremigen Patisserien. Die Preise sind gehoben, was nach Ansicht der Besitzer, der Gebrüder Shawar, durch Qualität und Tradition gerechtfertigt ist. Hier bekommen die Christen an den hohen Feiertagen wie Ostern und Weihnachten süße Leckereien, die allerdings den orientalischen Einfluss nicht verbergen können. Manche Backwaren sind mit Datteln oder Walnüssen gefüllt, es gibt handtellergroße, flache Kekse mit Sesam und Honig sowie süßes Brot und bemalte Ostereier. Besonders zu empfehlen ist auch das selbst hergestellte Olivenöl.

Für Freunde süßer Naschereien ist die Altstadt dank der vielen Bäckereien in den unterschiedlichen Vierteln ein kleines Paradies der Vielfalt. Wobei sich armenische von griechischen, sephardische von aschkenasischen Bäckereien unterscheiden. Baklava, Sesam-Kringel, Halva (Sesambrei mit unterschiedlichsten Ingredienzien) oder Kanafeh (süßes Käse-Feingebäck) gibt es in den unterschiedlichsten Varianten.

Adresse Christian Quarter Road 54, Jerusalem 9761250, Tel 02/6280004 | **ÖPNV** Straßenbahn, Haltestelle City Hall, Zugang über Jaffa-Tor, nach rechts durch das armenische Viertel und dann links in die Christian Quarter Street | **Öffnungszeiten** morgens bis abends, keine genaueren Angaben | **Tipp** Das Café im Kreuzgang-Garten der Erlöserkirche ist ein zutiefst idyllischer, lauschiger Ort. Getränke und kleine Speisen gibt es zu normalen Preisen, im krassen Unterschied zu fast allen Lokalen rund um die Erlöserkirche und die nahe Geburtskirche.

88 Das Siebenberg-Haus
Privatmuseum mit antiken Schätzen

Die Geschichte des Siebenberg-Hauses ist Romanstoff. Ein junger, ehrgeiziger Mann will mit seiner außergewöhnlichen Frau einen großen Traum verwirklichen, setzt ein Vermögen ein, wird wegen seiner Sturheit jahrelang verlacht und angefeindet, muss den Widerstand von Wissenschaftlern, Bürokraten und Neidern brechen – um schließlich einen Schatz zu entdecken und ein Stück Jerusalem-Geschichte mitzuschreiben. Dies ist aber nicht fiktiv, sondern Realität.

Theo Siebenberg stammt aus einer alten Diamantenhändler-Familie in Antwerpen. Als Geschäftsmann erwirbt er ein Vermögen und heiratet die junge Künstlerin Miriam. Beide träumen von einem Leben in Jerusalem. Nachdem Israel 1967 die vollständige Kontrolle über die Stadt errungen hat, kauft das Paar im zerstörten Viertel nahe des Tempelbergs ein Grundstück. Sie investieren viel in den Neubau im rasch wachsenden jüdischen Viertel, das mit strenger Planung, viel Geschichtsbewusstsein, enormen Geldern und dem Zuzug vieler Orthodoxer ein neues Gesicht bekommt. Überall in der Gegend suchen Archäologen nach Spuren, auch Siebenberg vermutet antike Artefakte unter seinem Haus. Aber die Experten winken ab, die Nachbarn fürchten um ihre Fundamente, jahrelange Streitereien und Prozesse beginnen.

Am Ende steht Siebenberg als strahlender Sieger da, der Untergrund seines Hauses erwies sich als archäologische Goldgrube, die Fachwelt verneigt sich vor dem Hobby-Archäologen. Das Ergebnis ist ein 1985 eröffnetes, ständig erweitertes Museum im Gassengewirr des stets blitzsauberen jüdischen Viertels. Zu bestaunen sind Ausgrabungen sowie 100 antike, teilweise mehr als 2.000 Jahre alte Funde: Pfeilspitzen, Schmuck, Schlüssel, Gläser, Keramik und Münzen. Entdeckt wurden bei den Grabungen in bis zu 18 Meter Tiefe eine Mikwe, ein jüdisches Ritualbad, ein Aquädukt, eine byzantinische Zisterne und königliche Grabkammern.

Adresse Beit-Ha'shoeva Street 5, Jerusalem 9751722, Tel. 02/6282341 oder 054/7267754, www.siebenberghouse.com | **Anfahrt** Zugang zur Altstadt über Zionstor | **Öffnungszeiten** nach Vereinbarung | **Tipp** Das Zionstor wurde 1540 von Suleiman dem Prächtigen mit einem Loch über der Pforte errichtet, um Angreifer mit siedendem Öl übergießen zu können. Das Tor wurde zudem im rechten Winkel gebaut, um einen Durchbruch anstürmender Reiter zu verhindern.

89 Die Stadtmauer

Altstadt von oben erkunden

Der Gang auf der Stadtmauer zeigt, wie verblüffend klein das alte Jerusalem, um das seit Jahrtausenden gekämpft wird, wirklich ist. Gerade mal einen Quadratkilometer groß sind die nach den Christen, Muslimen und Juden benannten Viertel. Hinzu kommt das Viertel der armenischen Christen, deren Kirche zu den ersten christlichen Kirchen überhaupt gehört. Noch einmal deutlich kleiner ist das Terrain des Tempelbergs mit der Klagemauer und der benachbarten Grabeskirche, den Heiligtümern, die im Zentrum der Konflikte zwischen den monotheistischen Religionsgemeinschaften stehen. Von der bis zu 20 Meter hohen Mauer sieht man die vielen Türme, Kuppeln und Dächer, Kirchen und Moscheen, aber auch auf geschäftige Gassen mit spielenden Kindern, auf dicht behangene Wäscheleinen, Satellitenantennen und schmauchende Schornsteine. Die Altstadt ist nicht nur historische Kulisse, sondern ein lebendiger, von vielen Menschen bewohnter Ort.

Beim Jaffa-Tor startet der kostenpflichtige, insgesamt knapp zwei Kilometer lange Weg auf der Mauer, die im 16. Jahrhundert von Sultan Süleiman dem Prächtigen auf byzantinischen und römischen Fundamenten errichtet wurde. Zwei Routen mit verschiedenen Zugängen, beide am Jaffa-Tor, gehören zur »Ramparts Tour«, eine führt nach Norden, eine nach Süden. Man kann den Spaziergang am Damaskus-Tor, am Löwentor und am Zionstor abbrechen. Teile der Mauer direkt am Tempelberg und im Süden sind nicht zugänglich.

Der zuweilen phänomenale Blick von der Mauer auf die Umgebung der Altstadt ist den Briten zu verdanken, die nach ihrer Machtübernahme 1917 jegliche Neubauten im Umfeld verboten. So schaut man hinein in das grüne Hinnomtal, auf die pittoreske Montefiore-Windmühle, den kantigen Bau des King David Hotels, die Hebräische Universität auf dem Zionsberg und die vergoldeten Zwiebeltürme der russisch-orthodoxen Maria-Magdalena-Kirche auf dem Ölberg.

Adresse Jaffa-Tor, Jerusalem 9114001 | **ÖPNV** Straßenbahn, Haltestelle City Hall; Bus 1, 20, 38, Haltestelle Jaffa-Tor | **Öffnungszeiten** Sommer: So–Do 9–17 Uhr, Fr 9–14 Uhr; Winter: So–Do 9–16 Uhr, Fr 9–14 Uhr (Karten beim Kiosk, nach Eintritt durchs Jaffa-Tor links neben der Treppe) | **Tipp** Der Davidsturm, der von Suleiman dem Prächtigen als Minarett erbaut wurde, befindet sich in der David-Zitadelle im archäologischen Park. Im Turm ist das Stadtmuseum mit Artefakten und Kunstwerken aus 4.000 Jahren Geschichte angesiedelt (Eingang rechts vom Jaffa-Tor, Tel. 02/6265333, Sa–Do 9–16 Uhr, Fr 9–14 Uhr).

90 Die Synagoge aus Venedig
Schönster jüdischer Tempel Israels?

Sie gilt als schönste Synagoge Israels. Regelmäßig benutzt wird sie aber nur von der kleinen Gemeinde italienischer Juden in Jerusalem. Einst stand der holzgetäfelte Gebetsraum mit prächtigem Thora-Schrein, feinen Deckenmalereien und prunkvollen Leuchtern in Conegliano. Da es in dem italienischen Städtchen nahe Venedig zu Beginn des 20. Jahrhunderts kaum noch Juden gab, drohte die Synagoge aus dem frühen 18. Jahrhundert, in der manche Elemente sogar noch älter sind, zu verfallen.

Die bauliche Kostbarkeit war lange verschlossen, bis ein Armee-Rabbiner der norditalienischen Besatzungsmacht Österreich-Ungarn 1918 auf sie stieß. Rabbiner Harry Deutsch hatte damals zum jüdischen Neujahr verzweifelt einen Gebetsort für jüdische Soldaten gesucht und schließlich die unbenutzte Synagoge entdeckt. 33 Jahre später war Deutsch dabei, als der inzwischen Stück für Stück nach Israel transportierte Tempel mitten in Jerusalem feierlich wiedereröffnet wurde.

Die italienisch-jüdische Gemeinde Jerusalem zelebriert hier ihre Gebete nach dem traditionellen »Rom-Ritual«, das über 2.000 Jahre alt ist und zu den ältesten noch erhaltenen jüdischen Ritualen zählt. Heute ist die Synagoge Teil des Umberto-Nahon-Museums für italienisch-jüdische Kunst und des Forschungs- und Restaurierungszentrums für die jüdische Kultur in Italien.

Neben zahlreichen, herrlich verzierten Papier- und Pergament-Schriftstücken aus der Geschichte der Juden in Italien sind im Museum auch bestickte Samt- und Damaststoffe, kostbare Schnitzereien und wertvolle Chanukka-Leuchter zu sehen. Glanzlichter sind fast 300 Jahre alte, reich verzierte und fein geschriebene Kettubas (jüdische Eheverträge), mittelalterliche Ritualgegenstände und kostbare Beschneidungsstühle mit edlen Polstern und Schnitzereien sowie Barock- und Renaissance-Möbel. Das älteste Objekt ist eine Holztäfelung im Thora-Schrein aus dem Jahr 1450.

Adresse Hillel Street 27, Jerusalem 9195000, Tel 02/6241610, www.ijamuseum.org |
ÖPNV Straßenbahn, Haltestelle Yaffo Center; Bus 7, 13, 19, 22, 77, Haltestelle King
George Street | **Öffnungszeiten** So, Di, Mi 10.30–16.30 Uhr, Mo 12–19 Uhr,
Fr 10–13 Uhr | **Tipp** Das etwa 200 Meter entfernte Museum »The Friends of Zion«
schildert multimedial die Unterstützung, die Israel und die Juden von Nichtjuden
erhielten. 2018 verlieh das Museum Präsident Donald Trump einen Preis für seine
Israel-Politik (Yosef Rivlin Street 20, So–Do 9.30–18 Uhr, Fr 9.30–14 Uhr, Sa
10–18 Uhr, Tel. 02/5329400).

91 Die Synagogen der Welt

Vielfalt der jüdischen Religion im Israel-Museum

Vier Synagogen aus Surinam, Indien, Deutschland und Italien, im Israel-Museum authentisch wieder aufgebaut, belegen die kulturelle Vielfalt im Judentum. Die luftige, nur karg geschmückte Synagoge Tzedek ve-Shalom aus Surinam macht jüdisches Leben in den Tropen sichtbar. Die neoklassizistisch geprägte, helle Synagoge mit einer umlaufenden Empore mit weißem Holzgeländer, schlichten Holzbänken und vergoldeten Kronleuchtern stand einst in Paramaribo auf Sand. Sie wurde 1736 von Einwanderern in der Hauptstadt des damaligen Niederländisch-Guayana erbaut. Die jüdischen Siedler stammten aus Spanien und Portugal, waren aber wegen der Inquisition nach Holland geflohen.

Das älteste der vier Gotteshäuser, die Kadavumbagam-Synagoge aus der indischen Stadt Cochin, stammt aus dem 16. Jahrhundert. Der reich mit Holzschnitzereien verzierte Raum wurde auf den Ruinen einer noch älteren Synagoge errichtet. Die jüdische Gemeinde Cochin soll 2.000 Jahre alt sein, die meisten Juden wanderten aber in den 1950er Jahren aus. Viele der Schnitzereien an der Decke, am Schrein und am Lesepult sind an Verzierungen indischer Hindu-Tempel angelehnt. Wie dort üblich, war auch der Synagogen-Boden mit Teppichen oder Matten bedeckt, auf denen die Gläubigen barfuß gingen.

Die Synagoge von Horb, einem Ort nahe Bamberg, beeindruckt mit kunstvollen Wand- und Deckenmalereien des galizischen Künstlers Eliezer Sussman; sie sind jedoch teilweise verwittert und beschädigt. Die Synagoge mit der gewölbten Decke war im 18. Jahrhundert im Obergeschoss eines Fachwerkhauses eingerichtet worden. Der Bau wurde später zu einer Scheune, erst 1908 wurden die Malereien wiederentdeckt. Die mit viel Gold verzierte italienische Synagoge aus dem 18. Jahrhundert stammt aus Vittorio Veneto nahe Venedig. Die Synagoge mit der streng abgetrennten, vergitterten Empore für die Frauen ist vom italienischen Barock geprägt.

Adresse Derech Ruppin Boulevard 11, Jerusalem 9171002, Tel. 02/6708811 | **ÖPNV** Bus 14, 66, Haltestelle Israel Museum | **Öffnungszeiten** Sa–Mo, Mi, Do 10–17 Uhr, Di 16–19 Uhr | **Tipp** Die Ausstellung moderner israelischer Kunst im Edmond-und-Lily-Safra-Flügel des Israel-Museums enthält Werke der wichtigsten Protagonisten zeitgenössischer Kunst seit 1949 wie Menashe Kadishman oder Reuven Rubin. Neben Gemälden und Zeichnungen sind hier auch Skulpturen und andere Objekte zu sehen.

92 Das Tal von Zurim

Wo Touristen Archäologen zur Hand gehen

Archäologen fürchten bei ihrer Arbeit gemeinhin Amateure, die unbedacht wertvolle Objekte oder Spuren zerstören. Umso bemerkenswerter ist das Angebot in Jerusalem an Touristen, den Experten bei Ausgrabungen zur Hand gehen zu dürfen. In einem großflächigen Zeltbau im Tal von Zurim können Laien, angeleitet von Archäologen und ihren Helfern, in der Erde rund um den Bereich des Tempelbergs nach jahrtausendealten Artefakten suchen. Es ist im Grunde ein Buddeln in riesigen Erdhaufen, die die WAQF im Kidrontal aufgeworfen hat. Die islamische Verwaltungsbehörde, zuständig für den Tempelberg, hatte große Mengen an Trümmern und Bauschutt – etwa 300 Lastkraftwagen-Ladungen – aus historisch hochinteressantem Gelände, den sogenannten »Ställen Salomons« an der Südostecke des Tempelbergs, entsorgt.

Israelische Experten übernahmen die Verantwortung für diese Trümmer und bezogen die mühsamen Untersuchungen in ein archäologisches Lehrprojekt zur Sichtung der Tempelberg-Altertümer ein. Die Teilnehmer können im malerischen »Emek Tzurim National Park« am Fuße des Ölbergs nach einer kurzen archäologischen Einweisung vorsichtig im Bauschutt suchen oder Fachleute beim Aussortieren von Fundstücken unterstützen.

Wie sinnvoll das von den israelischen Altertumsbehörden unterstützte Projekt ist, zeigen die vielen tausend Funde wie Scherben von antiken Vasen, Fliesen und Schalen, Münzen aus der Zeit des Herodes und aus späterer Zeit, Pfeilspitzen und Kruzifixe aus der Kreuzfahrerzeit oder Mosaiksteine aus der mameluckischen Ära. Teilnehmern des Projekts wird eine Urkunde zur Erinnerung an das archäologische Abenteuer ausgehändigt. Seit 2005 sollen fast 200.000 Freiwillige an dem in Israel durchaus umstrittenen Projekt mitgewirkt haben. Einige Wissenschaftler bemängeln, dass die Fundstücke quasi aus einer Müllhalde geborgen werden und nicht genau einem Fundort zugeordnet werden können.

Adresse »Emek Tzurim National Park«, Derech Har Hatsofim, Jerusalem 91196, Tel 02/5667067, www.tmsifting.org | **ÖPNV** Bus 48, 84, Haltestelle Beit Orot/Lempel | **Öffnungszeiten** Teilnahme nur nach Anmeldung beim Informationszentrum im Tal von Zurim | **Tipp** Die russisch-orthodoxe Maria-Magdalena-Kirche mit den vergoldeten Zwiebeltürmen und den blauen Dächern ist das spektakulärste Bauwerk auf dem Ölberg. Die Kirche wurde 1885 von Zar Alexander III. zu Ehren seiner Mutter, der russischen Kaiserin Marija Alexandrowna, gebaut.

93 Das Te'enim

Versteckte Oase mit großartigem Ausblick

Einen Moment lang könnte der Gast glauben, dieses gepflegte, stilvoll eingerichtete vegetarische Restaurant mit dem jungen Publikum stehe in Berlin oder San Francisco. Ein Blick aus den großen Fenstern auf die erhabenen, abends beleuchteten Mauern der Altstadt und die Davidsstadt genügt, um sich von dessen Einmaligkeit zu überzeugen. Das Te'enim, etwas verborgen in einem Garten am Berghang unter dem King David Hotel gelegen, ist eine kleine Oase der Ruhe. Es zählt zu den Lieblingslokalen manch bekannter Schriftsteller und Wissenschaftler, die hier oft mit ihren Texten oder Laptops an den Tischen mit den Keramikplatten sitzen. Plätze gibt es auch im Schatten von Olivenbäumen auf der beschaulichen kleinen Terrasse.

Das Restaurant im malerischen Yemin-Moshe-Viertel hat eine anspruchsvolle Karte mit europäisch-asiatisch-nahöstlichen Crossover-Kreationen. Zudem bietet der französische Küchenchef Patrick Melki traditionelle jüdische Gerichte wie die berühmte »Jerusalem-Kugel« (ein stundenlang gekochter, pikanter Nudelauflauf) oder süße Blintzes (Pfannkuchen mit Füllungen) sowie populäre vegetarische Speisen mit Tofu oder Quinoa an. Veganer können zwischen täglich wechselnden »Specials« und anderen Speisen wie gegrilltem Tofu, dem Linsengericht Mejadara oder dem raffinierten Auberginen-Mus Baba Ganoush wählen.

Die israelischen Weine sind aus ökologischem Anbau, auch bei den Zubereitungen der vielen Tee-Variationen und Kaffee-Arten gibt man sich große Mühe. Das Te'enim (übersetzt: Feigen) ist auch ein Lokal, in das einige der Spitzenköche Israels, wie der gebürtige Deutsche Tom Franz, gern gehen. Das Restaurant im Gebäude des »Confederation House« ist nur eines der vielen veganen oder vegetarischen Lokale in Jerusalem. Israel gilt als weltweite Hochburg der fleischlosen Küche, nirgendwo sonst soll es pro Kopf mehr vegetarische und vegane Gaststätten geben als hier.

Adresse Emil Bote 12, Jerusalem 9107102, Tel. 02/6251967, www.teenim.rest.co.il |
ÖPNV Bus 13, 18, 30a, 49, Haltestellen David HaMelekh/Mapu oder Yemin Moshe |
Öffnungszeiten So–Do 10–22 Uhr, Fr 10–13.30 Uhr | **Tipp** Das Kalman Sultanik
Confederation House, zu dem das Te'enim gehört, ist ein Kulturzentrum für ethnische
Musik und Poesie in einem historischen Gebäude. Es gibt ein vielfältiges Musik- und
Poesie-Programm und jährlich mehrere Festivals wie beispielsweise das International Oud
Festival, das der arabischen Musikkultur gewidmet ist (Emil Bote 12, Jerusalem 9107102,
Tel. 02/6245206, www.confederationhouse.org/en).

94 Das Tempel-Institut
Forschung für gefährliche Visionen

In diesem Institut mit wissenschaftlichem Anspruch wird viel geträumt. Manche halten die Träume für brandgefährlich. Die orthodoxen Juden, die in der Altstadt ein eindrucksvolles Museum geschaffen haben, bewegt die Vision vom Wiederaufbau des jüdischen Tempels. Der erste salomonische Tempel war im 6. vorchristlichen Jahrhundert von den Babyloniern zerstört worden, der zweite im Jahr 70 nach Christus von den Römern. Das Tempel-Institut will mit seiner Forschungs- und Bildungsarbeit den Boden für den »Dritten Tempel« bereiten.

Allerdings befindet sich der gewünschte Standort, der Tempelberg, heute in islamischer Hand. Hier stehen der Felsendom und die Al-Aksa-Moschee. Nur Teile der Umfassungsmauer des Tempelbergs, die Klagemauer, sind den Juden geblieben. Die Gründer des Tempel-Instituts wollen das ändern. Sie glauben, dass unter den islamischen Stätten die Ruinen der historischen jüdischen Tempel liegen. Dafür gibt es zwar manch wissenschaftlichen Beleg – allerdings birgt ein jüdischer Anspruch auf den Tempelberg enorme politische Brisanz. Im Zentrum des Instituts hängen schon Tempelberg-Gemälde, auf denen die heiligen Stätten der Muslime verschwunden sind.

Im Museum des Instituts finden sich ein aufwendiges, maßstabgetreues Modell des zweiten Tempels in Marmor und Gold sowie einige Originale und Nachbildungen von Gefäßen, Musikinstrumenten und Stoffen aus der Herodes-Zeit. In Vitrinen sind edelsteinverzierte Gewänder jüdischer Hohepriester ausgestellt, zudem Nachbildungen von Tempel-Utensilien für die religiösen Rituale. Manche behaupten, all das sei schon für die Zeit eines neuen Tempels auf dem Tempelberg produziert worden. Zumal das Institut nun eine Schule für Nachkommen des Levi-Stamms hat, der traditionell die Priester stellt. Die Schüler sollen auf eine Wiederaufnahme des Dienstes im »Dritten Tempel« vorbereitet werden.

Adresse Misgav Ladach Street 19, Jerusalem 9751537, Tel. 02/6708811, www.templeinstitute.org | **Anfahrt** Zugang zum jüdischen Viertel über Jaffa-Tor oder Damaskus-Tor | **Öffnungszeiten** So–Do 9–17 Uhr, Fr 9–12 Uhr | **Tipp** Der Hurva Square ist ein großer Platz mit Cafés, Restaurants, ein paar Läden sowie der Hurva-Synagoge, vor allem aber ist er ein Treffpunkt der Bewohner des jüdischen Viertels. Am Schabbat würdigen die orthodoxen Juden den Feiertag mit festlicher Kleidung.

95 __ Das Tmol Shilshom

Lieblingscafé für Literaten und Blind Dates

Israels Schriftsteller lieben dieses Lokal in einer kleinen Gasse im Stadtteil Nachalat Shiva. Das verwinkelte Buch-Café mit den stilvollen Esstischen, alten Sofas und Sesseln, Bücherregalen und Nischen ist inzwischen eine literarische Institution in Jerusalem. Hier haben Autoren wie David Grossmann, Eva Illouz, A. B. Yehoshua oder Amos Oz jeweils ihre neusten Werke vorgestellt.

Auch Café-Besitzer Daved Ehrlich ist ein kreativer Autor, der eines seiner Dramen sogar im eigenen Café inszenierte. Das von ihm herausgegebene »Buch der Liebe in Tmol Shilshom« schildert in Wort und Bild Paare, die im Lokal ihr Glück fanden – oft bei einem »Blind Date«, einer ersten Verabredung von zwei Menschen, die sich zuvor nie gesehen haben. Denn nicht nur Literaturbeflissene lieben dieses Haus aus dem 19. Jahrhundert mit seiner etwas altmodischen Romantik und dem kleinen Innenhof.

Als Ehrlich, der auch als Journalist arbeitete, nach einigen Jahren aus den USA heimkehrte, träumte er von einem Buch-Café, von denen es in Amerika viele gibt. Doch seit 1994, als das Tmol Shilshom mit einer Lesung des Dichters Yehuda Amichai eröffnete, hat es eine ganz eigene Entwicklung genommen. Es ist fast zu einem zweiten Zuhause mancher Poeten, Schriftsteller und Wissenschaftler der Universität geworden; zudem wurde es Schauplatz von oft leidenschaftlichen Diskussionen über Politik und Literatur, insbesondere in den Tagen des Jerusalemer Autoren-Festivals oder der Buchmesse. Viele der Veranstaltungen finden auch in Englisch statt.

Inzwischen gilt das Café auch als kulinarischer Geheimtipp. Das Angebot, hier Bücher zu lesen oder zu kaufen, ist weniger wichtig geworden. Dafür kommen viele wegen der raffinierten, überwiegend vegetarischen Gerichte. Besonders beliebt sind die frittierten Quinoa-Bällchen mit Tahina-Sauce, der Salat mit gerösteter Roter Bete oder die Eier-Tomaten-Pfanne namens »Shakshuka«.

Adresse Yo'el Moshe Salomon 5, Jerusalem 9463305, Tel. 02/6232758, www.tmol-shilshom.co.il/en | **ÖPNV** Straßenbahn, Haltestelle Jaffa Center oder City Hall | **Öffnungszeiten** So–Do 8.30–23 Uhr, Fr 8.30 Uhr bis eine Stunde vor Sonnenuntergang, Sa eine Stunde nach Sonnenuntergang bis 24 Uhr | **Tipp** Der Zion Square, zentraler Platz West-Jerusalems, ist ein beliebter Ort für Straßenmusikanten, Akrobaten, Tanzgruppen, religiöse Aktivisten und Jugendliche, außerdem Schauplatz von Demonstrationen und Protesten. Im Sommer steht hier ein Klavier zur freien Nutzung.

96 Das Trappisten-Kloster

Kultur und Köstlichkeiten am Ort vieler Kämpfe

Das Latrun-Kloster der Trappisten-Mönche, malerisch am Berghang des Ayalon-Tals gelegen, ist nicht nur ein religiöser Ort der Stille. Es ist auch ein blühendes landwirtschaftliches Gut, das Liköre, Säfte, Honig, Oliven, Öl und Kräuter sowie hochgelobte Weine produziert und im Klosterladen verkauft.

Historisch bekannt wurde der Ort am Rande des judäischen Berglands allerdings wegen vieler Kämpfe und Schlachten. Schon in biblischen Zeiten kämpften hier Juden und Kanaaniter, Makkabäer und Seleukiden, später dann Mamelucken und Kreuzzügler. 1890 errichteten französische Mönche auf dem 200 Hektar großen Gelände ein Kloster. Sie wurden im Ersten Weltkrieg von den Osmanen vertrieben. Die Mönche kehrten 1919 zurück und bauten ab 1927 das Kloster und die Kirche mit byzantinischen und gotischen Elementen.

Die etwa zwei Dutzend Trappisten, die wegen der »Heiligkeit des Wortes« ein Schweigegelübde abgelegt haben und nur selten sprechen, schufen mit den Jahren auf dem hügeligen Gelände gepflegte Gärten und Obstanlagen, Olivenhaine und Weinberge. Das Kloster lädt neuerdings zu Konzerten, Bauernmärkten und Veranstaltungen für Kinder ein.

Der idyllische Ort im Westjordanland war auch in der Neuzeit Schauplatz blutiger Kämpfe. Strategisch wichtig zwischen Jerusalem und Tel Aviv gelegen, versuchten die Israelis im Unabhängigkeitskrieg 1948 mehrfach vergeblich die von den Arabern gehaltene Stellung zu erobern. Israel musste hohe Verluste hinnehmen. Erst im Sechstagekrieg wurde die jordanisch kontrollierte Polizeistation von Israel erobert.

Der Name »Latrun« soll von der Kreuzfahrer-Burg »La Tour des Chevaliers« aus dem 12. Jahrhundert stammen. Andere glauben, dass der Name arabischen Ursprungs sei. Vermutet wurde auch, der Name habe etwas mit dem lateinischen Wort »latro« (Dieb) zu tun und sei Heimat des »reuigen Diebes«, der neben Jesus gekreuzigt wurde.

Adresse Latrun Interchange, Ramla 7210701, Tel. 08/9255180, www.latroun.net/fr/
accueil | **Anfahrt** sowohl von Jerusalem als auch von Tel Aviv Nationalstraße 1, Abfahrt
Latrun | **Öffnungszeiten** Klostergelände (teilweise) und Kirche: Sommer: Mo–Sa
8.30–12 und 15.30–17 Uhr; Winter: Mo–Sa 8.30–11 und 14.30–16 Uhr; Klosterladen:
7.30–18 Uhr | **Tipp** Die Ruinen der Burganlage »Toron des Chevaliers«, die 1244 end-
gültig von den Mamelucken geschleift wurde, stammen aus dem 12. Jahrhundert und sind
sehr sehenswert. Seit 1973 befindet sich hier eine ökumenische Begegnungsstätte für
Christen in Israel.

97 Der Tüftler-Laden

Israelische Intelligenzspiele

Das kleine Geschäft im Souterrain mit den vielen Baukästen, Holz-
figuren und Brettspielen könnte als hübscher Spielzeugladen miss-
verstanden werden. Dabei sind hier die Kunden eher selten Kinder.
Das Geschäftsmodell von »Gaya« basiert auf dem Interesse an der
»Kunst des Denkens«. Zielgruppen sind auch Kinder, aber es scheinen vor allem Teenager und junge Menschen zu sein, die sich intel-
ligenten Herausforderungen stellen möchten.

Über 1.000 Puzzle-, Brett- und Intelligenzspiele, alle in Israel
entworfen und von Hand hergestellt, aus Holz und anderen Materialien, sind im »Gaya« im Angebot. Die Spezialisten für Denksport
haben inzwischen sieben Filialen im Land. Gerade in Zeiten von
Computerspielen und virtuellen Welten erweist sich der israelische
Markt, wie von den Gaya-Machern erwartet, sowohl für traditionelle Brettspiele als auch für komplizierte Denk- und Geschicklich-
keitsspiele als ideal.

Kein Land der Welt hat in Relation zur Bevölkerungszahl mehr
Nobelpreise eingeheimst als Israel. Mehr als ein Fünftel aller Nobel-
preisträger in der Geschichte sind Juden – wobei ihr Anteil an der
Weltbevölkerung nur 0,2 Prozent beträgt. Das jüdische Volk sieht
sich als Volk des Buches – womit zwar zunächst die Thora, das Wort
Gottes, gemeint ist. Unbestritten ist der außergewöhnliche Beitrag
von Juden für Kultur und Wissenschaft.

Gaya setzt seit 1997 erfolgreich auf die Neugier der Israelis. Das
kleine Unternehmen verspricht viel Spaß, aber vor allem intellektuelle Stimulanz, Trainingseinheiten für ein gesundes Gehirn und
ein »magisches Gefühl des Sieges und der Zufriedenheit«, sobald
ein schwieriges Puzzle oder Denkspiel gelöst ist. Betont wird, dass
alle Produkte höchste amerikanische und europäische Umweltstan-
dards erfüllen. Inzwischen bietet Gaya auch Workshops für Kreati-
vitätstraining und Intelligenzspiele auf unterschiedlichen Niveaus
sowie Spielkreise für zwei- und dreidimensionale Puzzles an.

Adresse Yo'el Moshe Salomon Street 7, Jerusalem 9463307, Tel. 02/6251515, www.gaya-game.com, www.facebook.com/pages/Gaya-the-Art-of-Thinking | **ÖPNV** Straßenbahn, Haltestelle Zion Square, dann in die Yo'el Moshe Salomom Street (Fußgängerzone) | **Öffnungszeiten** So–Do 10–22 Uhr | **Tipp** Das »Piccolino«, ein italienisch-israelisches Restaurant, legt viel Wert auf natürliche Ingredienzien und Eigenkreationen. Die Besitzerfamilie Dahan ist patriotisch und bewirtet jeden Freitag israelische Soldaten ohne Familie kostenlos (Yo'el Moshe Salomon Street 12, Tel. 02/3281965, So–Do 10–23 Uhr, Fr 10–14 Uhr).

98 Der Tunnel des Judentums

Geheimnisvoller Weg unter der Klagemauer

Der Gang durch diesen Tunnel tief unter der Klagemauer lässt kaum einen Besucher unberührt. Die Enge in den oft schmalen, trüb beleuchteten Gängen, die wuchtigen, dicken Mauern, die geheimnisvollen Nischen und das Wissen, dass an diesem geschichtsträchtigen Ort noch einfachste Fragen unbeantwortet sind, lassen die Besuchergruppen ungewohnt leise werden – allein darf man hier ohnehin nicht durch.

Im Tunnel sind zahlreiche Spuren aus der Zeit des zweiten Tempels und aus späteren Epochen erkennbar. Zudem sieht man hier mehr von der Klagemauer als im gesamten oberirdischen, öffentlich zugänglichen Teil des jüdischen Heiligtums, das über der Erde 60 Meter lang ist. Der Tunnel erstreckt sich unterirdisch über die gesamte Länge der Klagemauer, insgesamt etwa 480 Meter. Der Großteil der Mauer ist bis heute nicht freigelegt.

Bis jetzt ist unklar, wie es den Architekten von König Herodes im Jahr 19 vor Christus gelang, für den Tempelbau Steine von dieser enormen Größe hierherzutransportieren und in die Stützwände zu integrieren. Im Tunnel lässt sich der größte Stein in der Klagemauer, auch »Klagestein« genannt, bewundern. Der fast 14 Meter lange, drei Meter hohe, meterdicke Stein wiegt schätzungsweise 500 Tonnen. Er gilt als einer der schwersten Gegenstände, die jemals von Menschen ohne moderne Hilfsmittel bewegt wurden. Als die Römer rund 90 Jahre später den Tempel zerstörten, blieben nur Teile der Stützwände erhalten.

Mit ersten Ausgrabungen hatten britische Forscher im 19. Jahrhundert begonnen. Sobald die Israelis nach dem Sechstagekrieg 1967 ganz Jerusalem kontrollierten, unternahmen sie große Anstrengungen, die archäologischen Arbeiten zu intensivieren. Im Tunnel liegt auch der Ort, an dem Juden glauben, dem Allerheiligsten im Tempel am nächsten zu sein. In dem kleinen abgetrennten Raum befindet sich heute die Synagoge »The Cave«.

Adresse Beginn der 75-minütigen Tunneltour an der Nordseite der Klagemauer, Ende in der Via Dolorosa, Tel. 02/6271333, www.english.thekotel.org/western_wall_sites | **Anfahrt** vom Damaskustor durch die Via Dolorosa ins muslimische Viertel, Richtung Tempelberg gehen, Klagemauer (West Wall) ausgeschildert | **Öffnungszeiten** Touren: So−Do 7.20 Uhr bis spätabends, Fr 7.20−12 Uhr | **Tipp** Im Museum Sharsheret Ha Dorot (Kette der Generationen) direkt am Eingang zum Tunnel werden Artefakte aus 4.000 Jahren jüdischer Geschichte, eine Multimediashow und neun Glasskulpturen des Künstlers Jeremy Langford gezeigt (So−Do 8 Uhr bis abends, Fr 9−12 Uhr).

99 __ Das Tzuba-Weingut
Lebendiger Kibbuz dank ehrgeiziger Manager

Im modernen Israel haben Kibbuzim ihre Bedeutung als eine der großen Visionen des jüdischen Staates verloren. Vor allem junge Menschen begeistern sich immer weniger für die Idee einer basisdemokratischen Genossenschaft mit gleichberechtigten Mitgliedern. Nur noch knapp zwei Prozent der Israelis leben heute in einem Kibbuz, früher waren es acht Prozent. Überlebt haben vor allem wirtschaftlich erfolgreiche Genossenschaften, in denen auch Privatbesitz und Kindererziehung in der Familie statt im Kinderhaus möglich ist. Eines dieser Kibbuzim ist Tzuba südlich von Jerusalem – wobei der Erfolg auch dem blühenden Weingut zu verdanken ist.

Der Kibbuz hatte früh auf modernes Management und innovative Ideen gesetzt. Fabriken für schusssicheres Glas und Schokolade verringerten die traditionelle Abhängigkeit von Oliven, Obst und Gemüse. Zudem wurde in der lieblichen Berglandschaft Judäas in etwa 700 Meter Höhe ein komfortables Hotel mit 64 Suiten und ein Freizeitpark eröffnet.

1996 suchte der aus Südafrika eingewanderte Paul Dubbs, Sohn eines Winzers, eine Herausforderung in Israel. Er fand sie im Aufbau des Weinguts Tzuba, der knapp zehn Jahre dauerte. Mit großer Sorgfalt wurden verschiedene Rebsorten kultiviert, Eichenfässer aus Frankreich, Kork aus Portugal, technische Anlagen aus Deutschland und anderen Ländern importiert. Ein Geheimnis der inzwischen hochgelobten israelischen Weinindustrie, die seit den 80er Jahren rasant expandiert, liegt auch an dem Anspruch, sich mit den weltweit besten Materialien auszustatten und Weinexperten aus aller Welt zu beschäftigen.

Am erfolgreichsten ist das »Boutique«-Weingut Tzuba mit einer Jahresproduktion von 30.000 Flaschen und seinem Chardonnay, der mehrere internationale Preise gewann. Es werden aber auch Trauben von Merlot, Shiraz und Sangiovese angebaut, Dessertweine aus Trauben von Cabernet Sauvignon und Chardonnay kreiert.

Adresse Kibbuz Tzuba 90870, Tel. 02/5347678, www.tzubawinery.co.il | **ÖPNV** Super-bus 183 von Binyanei Aouma in Jerusalem | **Anfahrt** Nationalstraße 1 von Jerusalem Richtung Tel Aviv, Abfahrt Mevasseret Tzion, nach links abbiegen und vier Kilometer bis zum Kreis-verkehr Sataf Circle, rechts in die Landstraße 395 einbiegen und etwa zwei Kilometer bis Tzuba | **Öffnungszeiten** So–Do 10–16 Uhr, Fr 10–14 Uhr, zudem nach Absprache; Weinproben und Führungen buchbar bei »Tzuba Tourismus«, Tel. 02/5347000 | **Tipp** »Israel Weinreisen« in Jerusalem bietet Weintouren zu zahlreichen Weingütern an (Diskin Street 7, So–Do 8–19 Uhr, Fr 8–15 Uhr, Tel. 054/3136908, www.israelwinejourneys.net).

100 — Der Unabhängigkeits-park

Wildwasser und Bierfest auf umstrittenem Boden

Kinder haben in Jerusalem viele Grünanlagen, Plätze und Innenhöfe zum Spielen. Allerdings sind die Möglichkeiten im Unabhängigkeitspark ungleich reizvoller. Obwohl Schilder das Baden in den kleinen Wasserbecken mit künstlichen Quellen und im langen künstlichen Bach mit harmlosen Stromschnellen verbieten, tollen hier an heißen Tagen haufenweise Jungen und Mädchen im Wasser, ohne dass die Eltern oder sonst jemand sie davon abhält. Der zentral gelegene, zweitgrößte Park der Stadt ist nicht nur ein beliebter Ort zum Spazierengehen, Picknicken und Dösen. Er dient auch für große Bierfeste, politische Demonstrationen und kulturelle Initiativen.

Lange Jahre war dieses Gelände unbebaut, vor 1967 gehörte es teilweise zum Niemandsland zwischen Israelis und Jordaniern, die den Osten kontrollierten. Auch nach dem Sechstagekrieg, als die Israelis in ganz Jerusalem das Sagen hatten, zögerten die Behörden lange, eine Planung für das Terrain zu genehmigen. Eine Rolle dabei spielten die Proteste islamischer Behörden, denen es um den Schutz muslimischer Gräber ging. Auf dem Gelände befindet sich auch die »Löwenhöhle«, eine bedeutsame Grabstelle, von der es jüdische, muslimische und christliche Legenden gibt.

Nach jahrelangem Streit und der Bewahrung einiger muslimischer Gräber war der Park erst 1996 fertiggestellt. Er gehört seitdem zu den meistbesuchten Grünanlagen der Stadt. Seit 2005 findet hier jedes Jahr im Sommer für zwei Tage eines der größten Bierfeste des Landes statt. Zum »Jerusalem Beer Festival«, auf dem es 120 Biersorten von lokalen Brauereien wie internationalen Marken gibt, kommen traditionell über 15.000 Besucher. Vor allem nach Sonnenuntergang ist es hier ungewöhnlich rummelig für die Heilige Stadt. Abends gibt es meistens Livekonzerte. Auch die LBGT-Community und Studentenbühnen nutzen den Park für Veranstaltungen und Partys.

Adresse Agron Street, King George Street, Hillel Street und Menashe Ben Yisrael Street, Jerusalem 9426702 | **ÖPNV** Bus 13, 19a, Haltestelle Tsarfat Square / Agron Street | **Tipp** Die imposante Große Synagoge für 1.400 Menschen wurde 1982 fertiggestellt und im Baustil dem antiken jüdischen Tempel nachempfunden. In der Lobby ist eine historische Sammlung von Mesusa, kleinen Kapseln mit biblischen Worten für die Türpfosten jüdischer Häuser, zu sehen (King David Street 56, Besuchszeiten So–Do 9–13 Uhr).

101 Das ungarische Schtetl
Gelebte Traditionen in Beit Ungarin

Im Herzen von Mea Shearim liegt das Viertel der ungarischen Juden. Ihre Rolle für Israel ist erheblich: Der Begründer des Zionismus, Theodor Herzl, war ein in Budapest geborener Ungar (mit dem Namen Herzl Tivadar). Zwar ließen sich die meisten seiner jüdischen Landsleute von der Idee eines jüdischen Staates kaum begeistern; aber Ende des 19. Jahrhunderts folgten viele orthodoxe Juden aus Ungarn dem Ruf ins Gelobte Land.

Viele fanden in Mea Shearim eine neue Heimat. Bis zum Ersten Weltkrieg gehörten etwa 100 Häuser, eine Synagoge, eine Schule und ein Badehaus (Mikwe) zu Beit Ungarin. Mit der Zeit kamen kleine Handwerksbetriebe dazu, Schreiner, Schlosser oder Goldschmiede. Sehr viel geändert hat sich in dem Viertel seither nicht. Denn besonders ungarische Orthodoxe sehen in einem gottgefälligen Leben – neben der Befolgung der religiösen Gebote – den Versuch, im Alltag an den alten Traditionen und vor allem den strikten Vorschriften für den Schabbat festzuhalten.

Der Feiertag hat für sie eine überragende Bedeutung. Am Freitagabend strömen die Haredin, festlich gekleidet in goldfarbenen Mänteln oder gestreiftem Kaftan, mit breiten Pelzmützen oder steifen Hüten singend und betend zur Synagoge. Begleitet werden sie von ihren Frauen in langen, wehenden Kleidern mit Kopftüchern oder Perücken sowie ihrem zahlreichen, gleichfalls fein gekleideten Nachwuchs. Wehe, ein Unwissender fährt am Schabbes versehentlich durch das Viertel. Oft müssen dann israelische Soldaten die von zornig schimpfenden Haredin umringten Autos befreien.

In Israel sind Orthodoxe nicht überall beliebt, schon allein wegen ihrer vielen Sonderrechte – wie der grundsätzlichen Befreiung vom Militärdienst. Angesichts der hohen Geburtenrate werden Haredin in Jerusalem aber bald die Mehrheit stellen. Zumal jährlich mehr als tausend junge Menschen aus Jerusalem lieber ins vergnügungssüchtige Tel Aviv ziehen.

Adresse mitten in Mea Shearim, zwischen Shivtei Israel Street, Shomrei Enumin Street und Mea Shearim Street, Jerusalem 9510552 | **ÖPNV** Straßenbahn, Haltestelle City Hall oder Jaffa Center | **Tipp** Zwei ungarische Restaurants, die letzten ihrer Art in Jerusalem, sind in der Nähe: das »Sweet Moments Hungarian Glatt Kosher Dairy Food« (So–Do 10–23 Uhr, Yo'el Moshe Salomon 19, Tel. 077/4002098) und das »Rega Matok« (So–Do 11–21 Uhr, Yo'el Moshe Salomon 18).

102 — Das verborgene Werk

Himmelsvision in der Koresh Street

Marie Balian muss nichts mehr beweisen. Ihre Keramikwerke hängen in großen Museen, ihre Arbeit wird weltweit gewürdigt. Ausgerechnet Jerusalem aber, die Stadt, in der sie seit über 50 Jahren lebt und die sie liebt, hat sie gedemütigt. Jeder kann das Corpus Delicti besichtigen. Ein farbenfrohes Mosaik aus 1.000 Keramikziegeln prangt an der Seitenwand eines Hauses in der Koresh Street. Es gibt nur wenige Passanten, die Straße liegt etwas abseits. Die Stadt hat das Werk Balians, das die Künstlerin 2004 der Kommune schenkte, zu ihrer Enttäuschung in einer Nebenstraße versteckt.

Kritiker bezeichneten das vier Mal sechs Meter große Bild »Ein Blick ins Paradies« als Meisterwerk der Keramikkunst. Balian hatte sechs Monate daran gearbeitet, um den Bürgern »ein Werk von Schönheit, Freude und Hoffnung zu geben«, wie sie sagte. Das idyllische, harmonische Panorama spielt mit mythischen Symbolen der Natur, auf dem Bild sind Dattelpalmen und Zypressen, Blumenwiesen, Gazellen, Vögel, Pfaue mit gespreiztem Gefieder und fliegende Fische über einem Gewässer zu sehen.

Die an der Kunstakademie Lyon ausgebildete armenische Künstlerin hatte in den 60er Jahren in eine Familie eingeheiratet, die seit fast 100 Jahren in Jerusalem die traditionelle Kunst der armenischen Keramikmalerei pflegt. Studio und Werkstatt der Familie, die heute vom Sohn geführt werden, befinden sich in Ost-Jerusalem. Hier werden die Fliesen mit Hand bemalt und bei einer Temperatur von 1.000 Grad Celsius gebrannt, um die Farben haltbar und wetterfest zu machen.

Die Geschichte der armenischen Keramikkunst in Jerusalem begann 1918, als die britischen Mandatsherren den Armenier David Ohannessian baten, die Fliesen des Felsendoms zu restaurieren. Ihm folgten einige seiner Schüler. Jerusalems schönste Gebäude sind heute mit armenischen Kacheln geschmückt: Kirchen, Museen, jüdische und muslimische Institutionen.

Adresse Koresh Street 14, Jerusalem 9414417, www.facebook.com/pg/armenianceramicsbalian | **ÖPNV** Straßenbahn, Haltestelle City Hall | **Tipp** In der Municipal Art Gallery, der Kunstgalerie Jerusalems, die Werke von oft noch unbekannten jungen Malern oder Bildhauern sowie von Neueinwanderern zeigt, gibt es häufig wechselnde Ausstellungen (Jaffa Road 17, So–Do 9–16.30 Uhr).

103 Das verbrannte Haus
Einblick in den Alltag vor 2.000 Jahren

Die Geschichte dieses Hauses ist spektakulär. Das Museum hochinteressant, um sich ein Bild davon zu machen, wie das Lebensgefühl in Jerusalem vor 2.000 Jahren gewesen sein mag. Aber an Ausstellungsstücken gibt es nur einige Artefakte zu sehen, im Zentrum des Museums steht ein spannender Film, der zeigt, was man alles in diesem Haus und darunter entdeckt hat. Selbst hinabsteigen in die 1970 entdeckten Ruinen des Hauses der Familie Katros, die zur Zeit des zweiten Tempels die Hohepriester stellte, kann man nicht.

Die sensationelle archäologische Stätte besteht aus den Grundrissmauern des Hauses, die bis zu einer Höhe von einem Meter noch da sind. Forscher fanden sie unter einer sechs Meter dicken Ascheschicht begraben. Erkennbar sind der Eingangsflur, vier Räume, eine kleine Küche und ein rituelles Reinigungsbecken. Bei den Ausgrabungen wurden ein römischer Speer, Wassergefäße, Tintenfässer, Münzen, Mörser und Hausrat sowie die Armknochen einer jungen Frau gefunden. Sie wurde nach der wissenschaftlichen Untersuchung nach jüdischem Ritual beigesetzt. Einige Funde scheinen fast 2.000 Jahre später den im Talmud erhobenen Vorwurf, Katros sei ein Betrüger gewesen, zu beweisen. Man fand Gewichte, die falsch ausgezeichnet waren.

Der dramatisch inszenierte, knapp 30-minütige Spielfilm (in Hebräisch, English, Spanisch oder Französisch) schildert die letzten Tage im Haus der Priesterfamilie zur Zeit des Herodes. Angesichts der Kämpfe zwischen jüdischen Aufständischen und Römern nach der Zerstörung des Tempels im Jahr 70 nach Christus wird in der Familie heftig über die Problematik von Gewalt, Widerstand und Selbstverteidigung diskutiert. Dann setzen römische Truppen das Haus in Brand. Der Beleg dafür, dass hier die Familie des Tempelpriesters gelebt hat, ist ein schwerer Stein mit der aramäischen Inschrift »Bar Katros« (Sohn des Katros), der in den Ruinen lag.

מוזיאון הבית השרוף בית קתו

BURNT HOUSE MUSEUM – BEIT KATROS

Adresse Tiferet Yisrael Road 2, Jerusalem 9752268, Tel. 02/6265906 | **Anfahrt** Zugang zum jüdischen Viertel über Jaffa-Tor oder Damaskus-Tor | **Öffnungszeiten** So 10–17 Uhr, Mo–Do 9–17 Uhr, Fr 9–13 Uhr | **Tipp** Das »Isaac Kaplan Old Yishuv Court Museum«, das sich in einem seit 500 Jahren von Juden benutzten Gebäude befindet, ist dem Leben der jüdischen Bevölkerung von 1800 bis 1948 gewidmet. Gezeigt wird die Wohnsituation in der Altstadt (Or Ha-Haim Street 6, So–Do 10–17 Uhr, Fr 10–13 Uhr).

104 Die Vogelwarte

Idyllische Aussicht auf Zugvögel und Exoten

Die Vogelwarte Jerusalems befindet sich an einem ungewöhnlich bedeutsamen Ort. Das »Bird Observatory« liegt in einer Parklandschaft, in der sich das israelische Parlament, der Oberste Gerichtshof und die Residenz des Premierministers befinden. Der gut überbewachte Standort im weitläufigen Sacher-Park verspricht weitgehende Ruhe und schließt neue Bautätigkeiten aus. Das alles wissen Ornithologen zu schätzen, auch wenn ihnen der Staat 1995 gerade mal einen halben Hektar, also 5.000 Quadratmeter, zugestand.

Das Observatorium in Jerusalem gehört zu den sechs Vogelzentren Israels. Das kleine Land ist für Zugvögel aus Europa und dem westlichen Teil Asiens als Zwischenstation durchaus sehr wichtig. Jährlich fliegen Millionen von Störchen, Adlern, Bussarden, Nachtigallen, Schwalben, Rotkehlchen oder Mauerseglern auf ihrer Nord-Süd-Route durch Israel und finden in der teilweise dicht bepflanzten Landschaft mit relativ vielen Gewässern hervorragende Bedingungen für einen Stopp vor.

Auf der Warte in Jerusalem sind auch einheimische Vogelarten zu sehen wie der Wiedehopf, Israels Nationalvogel, oder Eulen, Kurzohradler und der Jerichonektarvogel. Inzwischen gibt es einen kleinen Tourismus-Boom von Vogelfreunden aus aller Welt in Israel. Vor allem aber für die Wissenschaft sind die gesammelten Daten über die Zugvögel wertvoll, nicht nur für Ornithologen, sondern auch für Klima- und Umweltforscher.

Die Vogelwarte in Jerusalem, zu der auch ein Vogelgehege gehört, ist nicht die wichtigste Israels, bietet Besuchern aber ein besonders vielfältiges Programm. Selbst bei der Beringung von Vögeln mit sogenannten »Vogel-Klingeln« durch Experten gibt es für Laien Möglichkeiten, dabei zu sein und mitzumachen. Neben der Beobachtung von Vögeln können Touristen, Erwachsene wie Kinder, an verschiedenen Workshops, Nachtwanderungen und Exkursionen teilnehmen.

Adresse Jerusalem Bird Observatory, Sacher-Park, Jerusalem, Tel. 02/6537374 | **ÖPNV** Bus 9, 24 und 99, Haltestelle Knesset | **Öffnungszeiten** Anlage frei zugänglich | **Tipp** Die Gail Rubin Gallery ist eine Dauerausstellung und gehört zum Komplex der Vogelwarte. Werke von Fotografen und Künstlern beschäftigen sich aus unterschiedlichen Perspektiven mit der Fauna und Flora Israels (So–Do 9–15 Uhr).

105 __ Das Walled Off Hotel

Interieur und Botschaft vom Graffiti-Star Banksy

Kinder würden dieses Hotel lieben. Ein lebensgroßer Affe als Page verkleidet und ein würdig uniformierter Portier am Eingang, in der geheimnisvoll ausgeleuchteten Lobby skurrile Objekte und Puppen, ein selbst spielendes Klavier. An einen Vogelkäfig an der Rezeption klammert sich eine ausgestopfte Katze, die gierig auf die Vögel starrt. Das ungewöhnliche Hotel am Rande Bethlehems und direkt an der Grenzmauer zwischen Israel und den palästinensischen Gebieten wirbt mit »dem hässlichsten Ausblick der Welt«.

Das »Walled Off Hotel« ist ein Gesamtkunstwerk, ein politisches Statement und eine mutige Investition. Verantwortlich dafür ist der Graffiti-Künstler Banksy. Die neun Zimmer und die Suite sind mit seinen Werken geschmückt. Ein Museum im Haus schildert mit dramatischen Fotos und recht einseitig die jüngere Geschichte aus Sicht der Palästinenser. Im ersten Stock befindet sich eine Galerie mit modernen Gemälden, Collagen, Skulpturen und Fotos palästinensischer Künstler.

Über die Identität des Investors Banksy ist wenig bekannt. Er ist vermutlich Engländer und gilt als erfolgreichster Graffiti-Künstler der Welt. Sein Vermögen wird auf über 20 Millionen Euro geschätzt. Sein finanzielles und politisches Engagement ist ein leidenschaftliches Bekenntnis für die Palästinenser, verbunden mit scharfer Kritik an Israel. Die Mauer mache Palästina zum größten offenen Gefängnis der Welt, sagte er. Die Israelis errichteten sie ab 2002, nachdem die Zahl der Selbstmordanschläge in Israel dramatisch zugenommen hatte. Seit es die Mauer gibt, ging die Zahl dieser Attacken gravierend zurück.

In Bethlehem hatte Banksy 2005 und 2007 neun Schablonenbilder auf die Sicherheitsmauern gesprüht – beispielsweise eine Friedenstaube mit schusssicherer Weste. Die Graffiti wurden zum Touristenmagnet. Das 2017 eröffnete Hotel soll nun den Tourismus weiter fördern und für die Interessen der Palästinenser werben.

Adresse Caritas Street 182, Bethlehem 90907, Tel. 0970/2/2771322 | **ÖPNV** Busse vom Damaskustor nach Bethlehem, weiter mit dem Taxi | **Anfahrt** Mit dem Mietwagen darf man in der Regel nicht in palästinensisches Gebiet fahren. Die Alternative ist, das Auto an der Kontrollstation Bethlehem zu parken, zu Fuß über die Grenze zu gehen und dann ein Taxi zu nehmen. | **Tipp** Das Palestinian Heritage Centre, 200 Meter entfernt, präsentiert palästinensisches Kulturerbe, zum Beispiel kunstvolle, farbenfrohe Textilien. Man kann Stickereien und anderes Kunsthandwerk erwerben (Manger Street, Tel. 02/2742381, Mo – Sa 10 – 20 Uhr).

106__Die Warde

Riesige Kunstblumen reagieren auf Passanten

Für die überwiegend orthodoxen Anwohner am Valero-Platz gegenüber dem Mahane-Yehuda-Markt gehören die großen, blütenartigen Nylonhüllen an der Spitze der hohen, kühn gebeugten Metallsäulen längst zum Alltagsbild. Sie schauen kaum noch hinauf, wenn sich beim Vorbeigehen fünf Meter über ihnen die knallroten Stoff-Installationen öffnen wie eine große Blume, mit Straßenlichtern in ihrem Kern.

Allerdings geschieht das seit dem Aufstellen der interaktiven Kunstwerke immer seltener. Im Winter verschwindet der empfindliche Kunststoff inzwischen ohnehin, aber auch im Sommerhalbjahr leidet das verspielte Kunstwerk namens »Warde« unter technischen Problemen. Schon wenige Monate nach der feierlichen Einweihung durch den Bürgermeister Jerusalems zum jüdischen Lichterfest Chanukka im Dezember 2015 mussten die empfindlichen Stoffteile von zwei der vier Installationen abmontiert werden. Wind und Wetter hatten sie schwer beschädigt.

Wenn die »Warde« aber funktioniert, ist es nicht nur für Kinder ein optischer Genuss, zu beobachten, wie die insgesamt vier mit Bewegungsmeldern ausgestatteten Installationen belebend und amüsant am Straßengeschehen in der Jaffa Road teilnehmen. Geschaffen hat das Kunstwerk das kreative Architekturbüro »HQ Architects«, einst in Tel Aviv gegründet, nun mit dem Hauptsitz in New York. Die Absicht war, die etwas unwirtliche Ecke der Stadt mit einigen baufälligen Häusern, billigen Läden, einer Stromtransformation-Station aus Graubeton und Müllcontainern phantasievoll aufzuhübschen.

Die Stadt Jerusalem hatte das ungewöhnliche Objekt, das tagsüber Schatten spendet und in der Dunkelheit zusätzliches Licht, für einige hunderttausend Euro erworben. Vergessen wurde damals offenbar, die dauerhafte Instandhaltung finanziell abzusichern. Das erklärt, warum der Besucher etwas auf sein Glück hoffen muss, dass die »Warde« gerade richtig funktioniert.

Adresse Valero Square, Jerusalem 9762637, www.hqa.co.il/mies_portfolio/warde |
ÖPNV Straßenbahn, Haltestelle Mahane Yehuda | **Tipp** Die »Art Shelter Gallery« ist
wohl die einzige orthodoxe Galerie mit moderner Kunst in Jerusalem. Sie liegt mitten
im Orthodoxen-Viertel Mekor Baruch und stellt nur Kunstwerke aus, die in religiöser
Hinsicht als nicht anstößig betrachtet werden können. Die Galerie in einem Bunker ist
ein Non-Profit-Unternehmen und wird von der Stadt finanziert (Yehuda HaMakkabi 7,
So, Di, Do 17–20 Uhr).

107 Die Wiener Oase

Kaffeehaus-Idylle im österreichischen Hospiz

Wer am Freitag vom Damaskus-Tor in die Altstadt schlendert, gerät in der schmalen El Wad Street unwillkürlich in den zähen Strom Tausender Muslime auf dem Weg zum Tempelberg. Touristen, die sich hierher verirren, werden zwar freundlich akzeptiert. Wer aber nach ein paar hundert Metern im heftigen Gedränge an der dritten Ecke die schwere Holztür des österreichischen Hospizes öffnet, darf erleichtert sein, ein scheinbar anderes Universum zu betreten.

Der Besucher findet in dem wuchtigen Gebäude eine gepflegte Idylle mit dem Charme der alten Donaumonarchie vor. An der Rezeption steht ein altmodischer Briefkasten der österreichischen Post, an der Wand ein großes Porträt von Kaiser Franz Joseph, der 1869 hier weilte. Im »Wiener Kaffeehaus« glaubt man, im Herzen des alten Europas zu sein: Kronleuchter an den gewölbten Decken, Bänke und Stühle aus dunklem Holz, mit rotem Stoff überzogen, goldgerahmte Spiegel und altmodische Bilder. Hier bestellt man keinen Kaffee, sondern einen Kleinen Braunen oder einen Fiaker. Auf der Speisekarte stehen Wiener Schnitzel und Sachertorte.

Das Flair Wiens setzt sich im malerischen grünen Garten fort. Die verstreuten kleinen Bistrotische aus Metall stehen unter schattigen Palmen und Zypressen. Auf der Dachterrasse hat man, unter der flatternden Fahne Österreichs, einen herrlichen Ausblick über die Altstadt. Viele junge Menschen arbeiten hier: Praktikanten oder Zivildienstleistende aus Österreich und Deutschland, viele christliche und muslimische Palästinenser.

Die 1863 eröffnete Pilgerherberge der katholischen Kirche Österreichs versteht sich als »Kulturträger Österreichs im Orient«. Die Bedeutung des Hauses machte der Besuch von Kaiser Franz Joseph 1869 deutlich. Bis 1918 war hier auch die Residenz des österreichischen Konsuls. Danach wechselten sich Briten, Jordanier und Israelis als Hausherren ab. Erst 1985 erhielt die Erzdiözese Wien es zurück.

Adresse Via Dolorosa 37, Jerusalem 91194, Tel. 02/6265800, www.austrianhospice.com | ÖPNV Straßenbahn, Haltestelle Damaskustor, dann in die El Wad Street | Öffnungs-zeiten Café täglich 10–22 Uhr | Tipp Die französische Veronika-Kirche in der Via Dolorosa wurde im 19. Jahrhundert von den griechischen Orthodoxen gebaut. Dabei wurden Gebäudeteile aus dem 12. Jahrhundert – wie Bögen vom Kloster des heiligen Cosmas aus der Kreuzfahrerzeit – verwendet.

108　Das Yad Hashmona
Biblisches Dorf mit finnischen Wurzeln

Die »Gedenkstätte der Acht«, so die Übersetzung von Yad Hashmona, ist in Israel nicht unumstritten – denn betrieben wird sie von messianischen Juden, die zwar an Christus als Messias glauben, aber Riten und Brauchtum der Juden zelebrieren. Kaum jemand aber wird sich der Schönheit der Anlage in den Bergen Judäas entziehen können. Hier lebt eine genossenschaftlich organisierte Gemeinde mit über 240 Mitgliedern, die einen biblischen Freizeitpark, ein Landhotel mit Restaurant und Tagungssälen sowie eine Schreinerei, eine Bäckerei und Stallungen betreibt.

Eine kleine Gruppe finnischer Christen hatte 1971 das Projekt gegründet und nach Juden aus Österreich benannt, die 1938 nach Finnland geflohen waren. Die Regierung in Helsinki lieferte sie 1942 an die Gestapo aus. Sieben von ihnen wurden in Auschwitz umgebracht, einer überlebte. Die finnischen Gründer sahen in ihrer Siedlung, die zunächst vom Obstanbau lebte, einen Akt der Wiedergutmachung und Versöhnung. Seit 1979 bekennt sich die Gemeinde, deren Mitglieder heute aus vielen Ländern stammen, zu den messianischen Juden.

Im Zentrum der Anlage steht ein weitläufiger Garten mit Gerätschaften und Bauten, die den Besuchern ein sinnliches Eintauchen in biblische Zeiten eröffnen sollen. Abgestimmt mit der Antikenverwaltung wurde das biblische Dorf im Jahr 2000 möglichst authentisch geschaffen. Zwischen Terrassen, Bäumen und Pflanzen, wie sie für die Antike typisch waren, finden sich entlang eines Besucherweges Wein- und Olivenölpressen, Rekonstruktionen wie die eines rituellen, jüdischen Bades (»Mikwe«), einer alten Synagoge oder eines Beduinenzeltes.

In die Schlagzeilen geriet die Gemeinde, als sie sich 2008 aus religiösen Gründen weigerte, eine Hochzeitsfeier für ein lesbisches Paar aus England abzuhalten. Yad Hashmona musste schließlich wegen sexueller Diskriminierung eine Entschädigung von etwa 20.000 Euro zahlen.

Adresse Yad Hashmona, Neve Ilan 90895, Tel. 02/5942000, www.yadha8.co.il | **Anfahrt** von Jerusalem Nationalstraße 1 Richtung Tel Aviv, Ausfahrt Neve Ilan, geradeaus bis zum Kreisverkehr, dann links abbiegen, nach 500 Metern rechts nach Yad Hashmona | **Tipp** Das schön gelegene »Domaine du Castel« ist ein Boutique-Weingut, dessen Rotweine sehr gelobt werden. In dem Familienbetrieb werden nur lokal angebaute Trauben verwendet (Yad Hashmona, Haute Judee 9089500, Tel. 02/5358555, www.castel.co.il/en, So–Do, 8–17 Uhr).

109 Das Yad La'Shiryon

Die Panzer der zionistischen Kämpfe

Die Gedenkstätte für gefallene Soldaten des Panzerkorps demonstriert und zelebriert die Waffenstärke und den technischen Einfallsreichtum der israelischen Streitkräfte in den Kämpfen gegen die arabischen Mächte. Allerdings erinnert auch eine lange Gedenkmauer mit den eingravierten Namen an die fast 5.000 gefallenen Panzersoldaten.

In der 1982 eröffneten Anlage sind 110 Panzer und andere gepanzerte Kampffahrzeuge israelischer, deutscher, amerikanischer, britischer, französischer und sowjetischer Bauart zu sehen. Neben den eigenen sind auch erbeutete Panzer ausgestellt, die die Israelis später meist modifiziert und umgebaut selbst benutzten. Viele der Panzer, die teilweise über 80 Jahre alt sind, zeigen Spuren der Kämpfe. Über der Anlage thront ein M4-Sherman-Panzer, der mehr als zehn Meter hoch auf einem früheren britischen Wasserturm montiert ist. Er dient als Logo des Museums.

Das festungsartige Hauptgebäude, in dem sich Ausstellungsräume, Bibliothek und Synagoge befinden, war früher eine der 69 Polizeistationen der Briten im Mandatsgebiet Palästina. Sie sind nach dem Polizeioffizier Charles Tegart benannt, der, erfahren im Kampf gegen Untergrundkämpfer in Indien, die Polizeiposten mit Stahlbeton gegen Granaten und Angriffe schützen und mit Schießscharten ausstatten ließ. Nach dem Abzug der Briten 1948 wurden die »Tegart-Forts« mit ihrem hohen Festungsturm von jüdischen oder arabischen Einheiten genutzt. Latrun wurde trotz vieler Angriffe lange von arabischen Kräften gehalten und fiel erst 1967 Israel in die Hände.

Den Festungsturm hat der israelische Künstler Danny Karavan in einen »Turm der Tränen« umgestaltet: Im Inneren rieselt an stählernen Wänden stetig Wasser herunter. In den Museumsräumen wird die Geschichte des gepanzerten Kampfes illustriert. Hier finden sich neben Tank-Modellen auch ein gepanzerter Ritter sowie assyrische und ägyptische Streitwagen.

Adresse Latrun, Lod 71106, Tel. 08/9255268 | **ÖPNV** Busse zum HMC (Hadassah Medical Center): 12, 19, 27a | **Anfahrt** Nationalstraße 1 nach Tel Aviv, Abfahrt Latrun, Straße Nummer 3 (ausgeschildert) | **Öffnungszeiten** Sa–Do 8.30–16 Uhr, Fr 8.30–12 Uhr | **Tipp** Die Anlage von Emmaus Nikopolis am Eingang des Ayalon Canada Park mit den Ruinen zweier byzantinischer Basiliken, einer Kreuzfahrerkirche und jüdischen Gräbern aus der Zeit Jesu lohnt einen Besuch. Hier hat Jesus laut Lukasevangelium nach seiner Auferstehung das Brot gebrochen (Nationalstraße 3 Richtung Tel Aviv).

110__Das Yvel-Design-Center
Schmuck-Werkstätten mit sozialem Anspruch

Das Yvel-Design-Center beeindruckt mit einer großen Kollektion von originellem und edlem Schmuck. Die Besitzer präsentieren im Süden Jerusalems aber auch stolz eine israelische Erfolgsgeschichte mit vielen Facetten. 1986 hat das Ehepaar Orna und Isaac Levy mit einem Startkapital von 2.000 US-Dollar begonnen.

Sie kombinierten anfangs organische Perlen mit Halbedelsteinen wie Lapislazuli, Koralle oder Onyx, später dann mit Diamanten, Smaragden oder Saphiren. Berühmt wurde die Firma Yvel – schlicht der Familienname umgedreht – mit kühnem Design von Perlen und Edelsteinen, die mit Gold umfasst oder verziert werden. Broschen, Armbänder und Halsketten gewannen bei internationalen Wettbewerben wie dem »Town & Country Couture Design Award« zahlreiche Preise. Yvel-Schmuck gibt es weltweit zu kaufen.

Das Zentrum lockt Besucher, die den Schmuckdesignern bei Führungen bei der Arbeit zusehen können, mit einem Weinkeller in einem wunderbar restaurierten Pilgerheim aus dem 19. Jahrhundert und einem zauberhaften, kleinen Garten.

Die Familie Levy sieht sich mit dem florierenden Unternehmen auch in einer sozialen Verantwortung. Gezielt werden deshalb Immigranten ausgebildet. Die etwa 100 Yvel-Mitarbeiter stammen aus 22 verschiedenen Staaten. Isaac Levy hat als argentinisches Einwandererkind selbst erfahren, wie schwer das Einleben in der Fremde sein kann. Eine besondere Herausforderung für Israel stellt bis heute die Integration von über 100.000 Juden aus Äthiopien dar. Diese fast vergessene jüdische Minderheit im Nordosten Afrikas war ab den 80er Jahren mit teilweise spektakulären Rettungsaktionen nach Israel gebracht worden. 2010 wurde bei Yvel die Megemeria-Schule geschaffen, die äthiopischen Juden ein Stipendium, eine Ausbildung in Schmuckdesign und Goldschmiedekunst sowie Schulungen in Hebräisch, Rechnen und der Bewältigung des israelischen Alltags bietet.

Adresse Yehiel M. Steinberg Street 1, Ramat Motza, Jerusalem 9677149, Tel. 02/6735811, www.yvel.com | **ÖPNV** Bus 186, 154, 155, Haltestelle Motsa | **Öffnungszeiten** So–Do 9–17 Uhr | **Tipp** Das Yellin-Haus im Tal von Motsa wurde 1890 gebaut und gilt als einer der ersten Bauernhöfe, die Juden im 19. Jahrhundert in Jerusalems Umgebung bauten und betrieben. In dem historischen Gebäude befindet sich ein Informationszentrum zur Geschichte des Agrar-Siedlungsbaus (Tel. 02/5345443, www.shimur.org/Yellin).

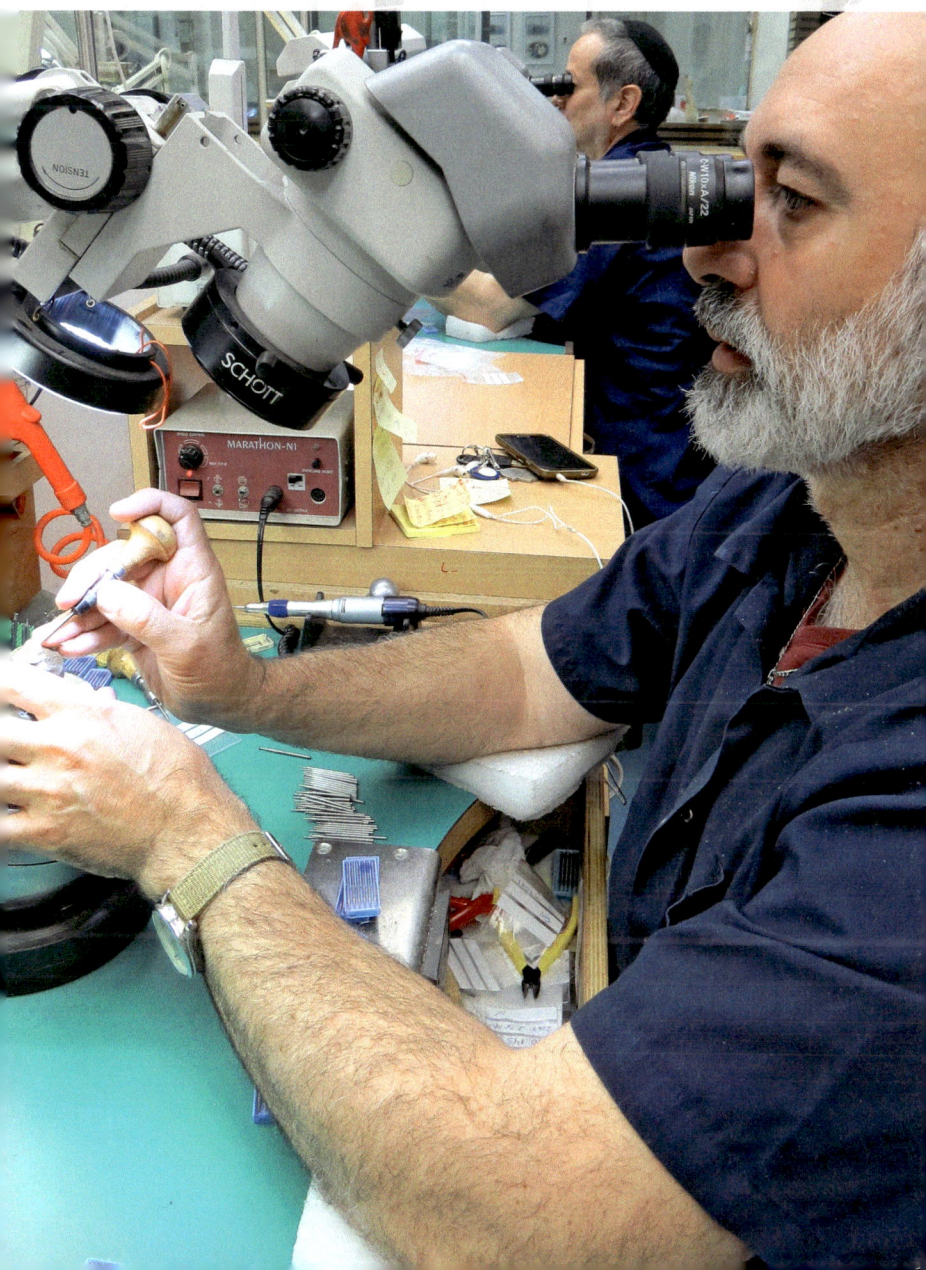

111 Die Zungen

Horror-Rutsche auf dem Kinderspielplatz

Furchteinflößend steht die Monsterrutsche auf dem Kinderspielplatz des beschaulichen kleinen Rabinovich-Parks im Stadtteil Kiryat Yovel. Der französischen Künstlerin Niki de Saint Phalle war 1972 bewusst, dass die dreizüngige Rutsche Kindern Angst und Schrecken einjagen könnte. Entsprechend besorgt reagierten zunächst auch die Anwohner, als das riesige, grelle Spielgerät aus Beton und Metall aufgestellt wurde.

Gerade das bedrohliche Antlitz des Mifletzets auf einem sicheren Spielplatz könne Kindern helfen, mit Ängsten fertigzuwerden und sie zu überwinden, argumentierte die Künstlerin und bezog sich auf den Psychologen Bruno Bettelheim. Solche Sichtweisen haben sich auf Spielplätzen in der Welt kaum durchgesetzt; im leidgeprüften, oft umkämpften, stets bedrohten Jerusalem fiel die Argumentation der Französin auf fruchtbaren Boden. Dabei half sicher, dass der damalige, legendäre Bürgermeister der Stadt, Teddy Kollek, von der Horror-Rutsche begeistert war.

Das schwarz-weiß bemalte Monstergesicht mit drei Zungen als Rutschen sollte eigentlich Golem heißen. Das ist eine geheimnisumwitterte Figur der jüdischen Literatur und kabbalistischen Mystik, ein menschenähnlicher, stummer Gigant aus Lehm. Aber rasch bürgerte sich im Volksmund Mifletzet (das Monster) ein.

Die Künstlerin wollte mit ihrem Werk nach ihren eigenen Worten dem Bild der schwachen Frau entgegenwirken. Die Rutsche stelle eine starke Frau dar, die den Park verschlinge, gleichzeitig aber ein gutes Gefühl vermittle. Die Kinder, die aus der höhlenartigen Dunkelheit des Kopfes auf den Rutschen ins Licht gleiten, symbolisierten den Prozess der Geburt. 2009 geriet die Rutsche in Gefahr, weil sie technisch nicht mehr den neuen Sicherheitsbestimmungen für Kinderspielplätze entsprach. Gerettet wurde die Installation, indem sie nicht mehr einfach als Spielgerät, sondern als unersetzliches Kunstwerk deklariert wurde.

Adresse Ecke Tahone Street / Chile Street, Kiryat Hayovel, Jerusalem 9670102 | **ÖPNV**
Bus 23, Haltestelle Chile / Korzcak; Bus 19, 33, Haltestelle HaMifletset / Tahon | **Tipp**
Auf dem Spielplatz des zwei Kilometer entfernten Zoos finden sich weitere Werke der
Künstlerin: 23 bunte Mosaik-Tierskulpturen der Arche Noah, ein Geschenk an Kollek
zu dessen 90. Geburtstag im Jahr 2002 (Derech Aharon Shulov 1, So – Do 9 – 19 Uhr,
Fr 9 – 16.30 Uhr, Sa 10 – 18 Uhr).

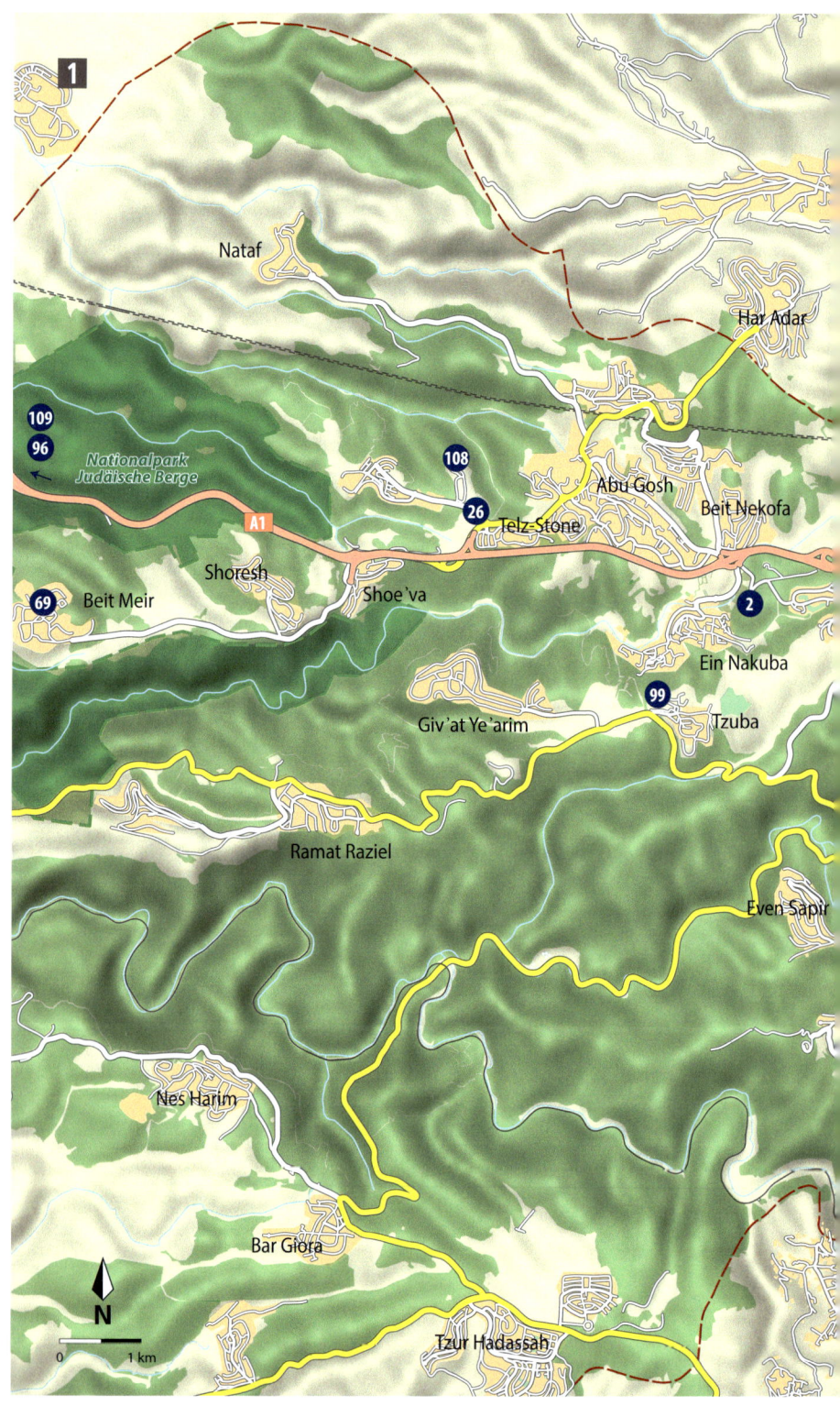

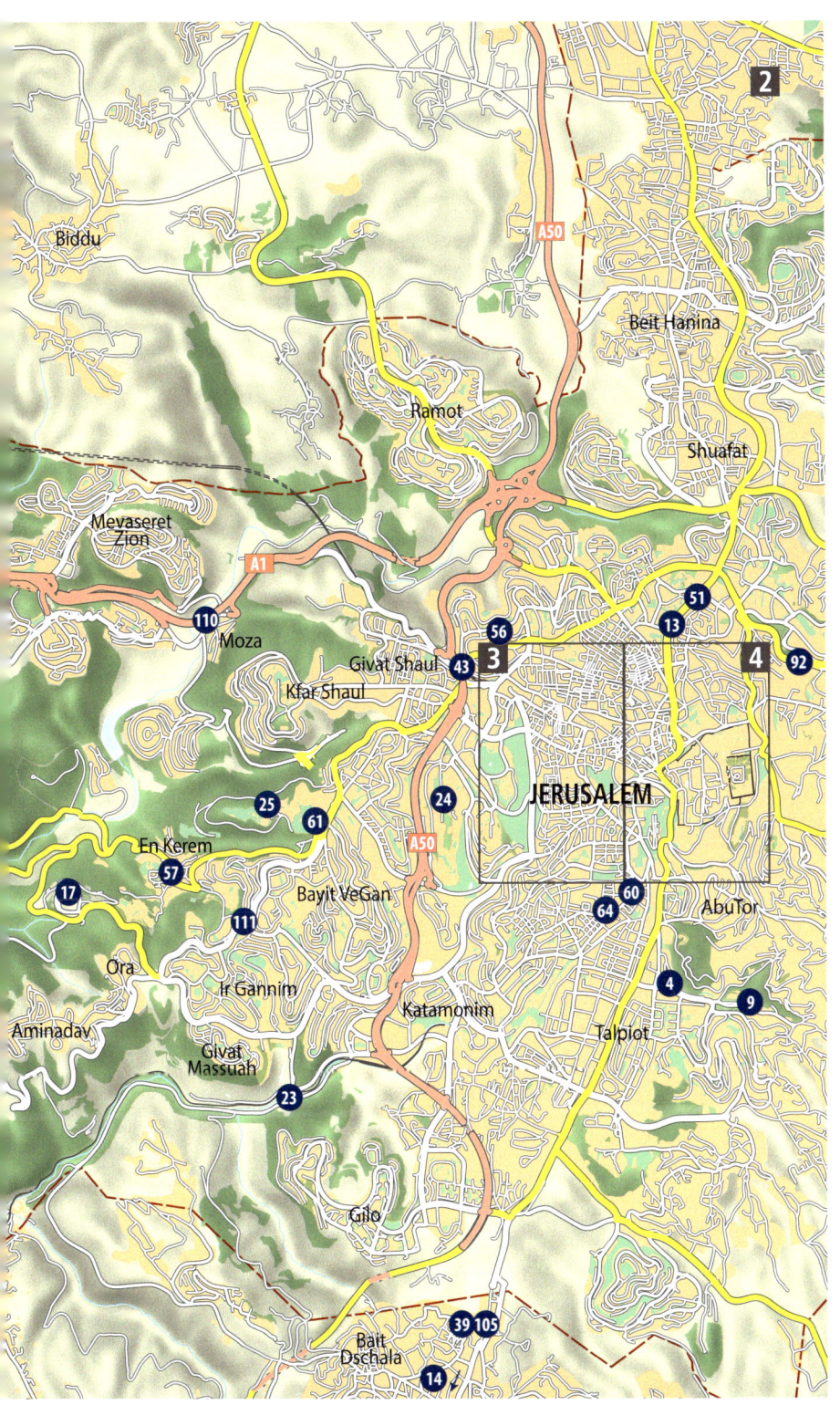

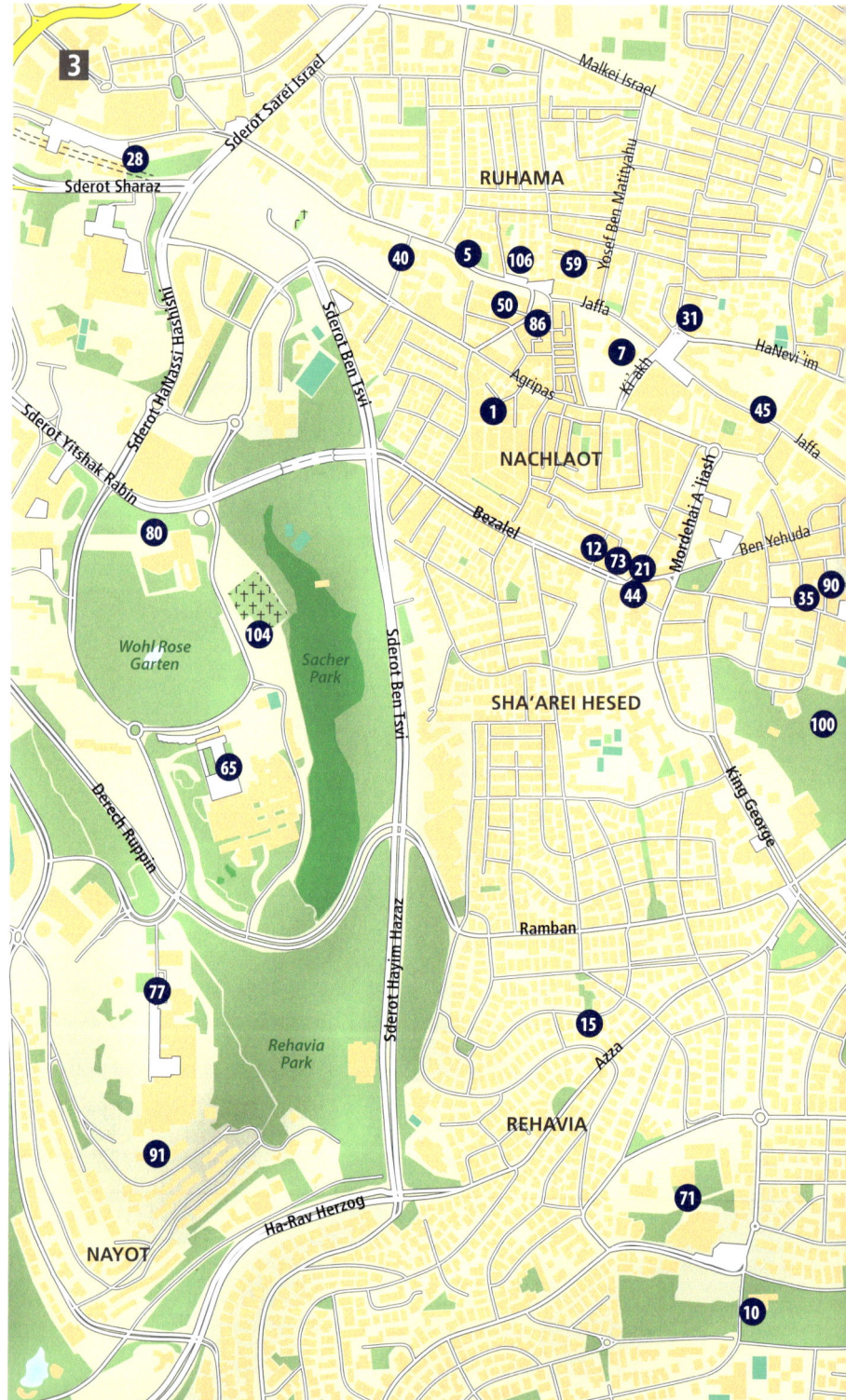

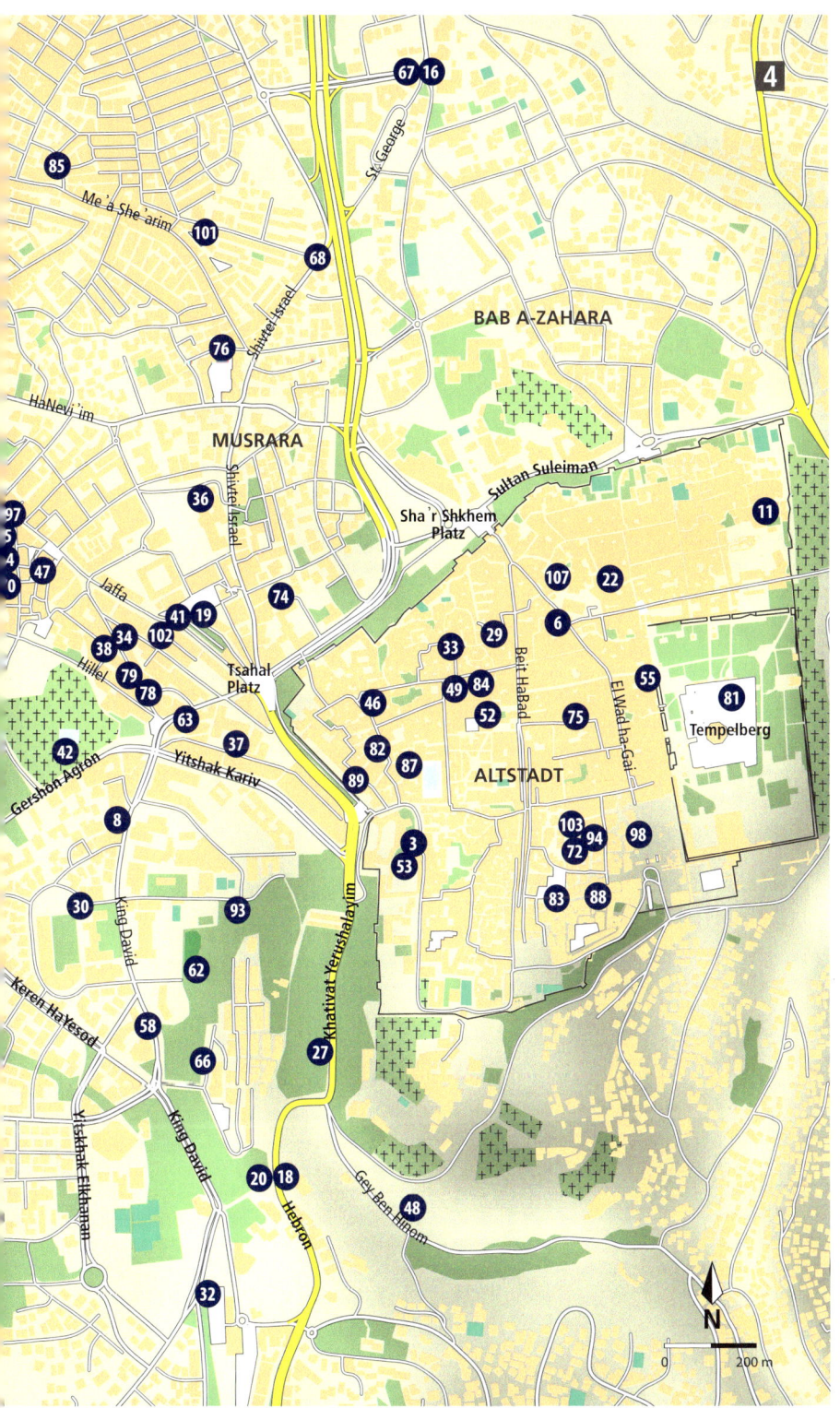

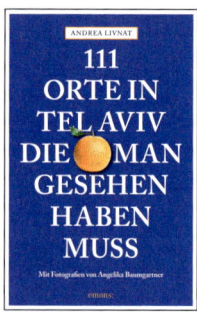

Andrea Livnat,
Angelika Baumgartner
**111 Orte in Tel Aviv, die
man gesehen haben muss**
ISBN 978-3-95451-703-9

Laszlo Trankovits,
Rüdiger Liedtke
**111 Orte in Kapstadt, die
man gesehen haben muss**
ISBN 978-3-95451-456-4

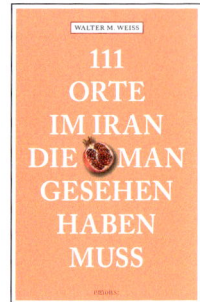

Walter M. Weiss
**111 Orte im Iran, die man
gesehen haben muss**
ISBN 978-3-7408-0402-2

Halûk Uluhan,
Marcus X. Schmid
**111 Orte in Istanbul, die man
gesehen haben muss**
ISBN 978-3-95451-333-8

Cornelia Ziegler,
Chris Sindermann
**111 Orte auf Kreta, die
man gesehen haben muss**
ISBN 978-3-95451-540-0

Dorothee Fleischmann,
Carolina Kalvelage
**111 Orte in Budapest, die
man gesehen haben muss**
ISBN 978-3-95451-744-2

Matěj Černý, Marie Peřinová
**111 Orte in Prag, die man
gesehen haben muss**
ISBN 978-3-95451-927-9

Stefanie Thiedig, Xie Kaijin
**111 Orte in Peking, die man
gesehen haben muss**
ISBN 978-3-7408-0250-9

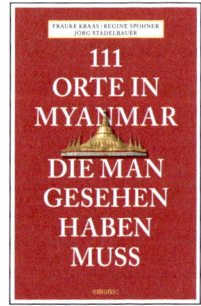

Frauke Kraas, Regine Spohner,
Jörg Stadelbauer
**111 Orte in Myanmar, die
man gesehen haben muss**
ISBN 978-3-7408-0149-6

Sharon Fernandes,
Tarunima Sen
**111 Orte in Neu-Delhi, die
man gesehen haben muss**
ISBN 978-3-95451-862-3

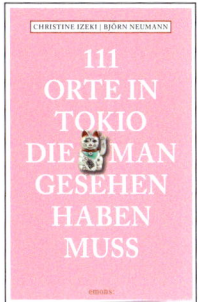

Christine Izeki,
Björn Neumann
**111 Orte in Tokio, die man
gesehen haben muss**
ISBN 978-3-7408-0117-5

Christoph Hein, Sabine Hein
**111 Orte in Singapur, die
man gesehen haben muss**
ISBN 978-3-7408-0337-7

Kai Oidtmann
**111 Orte in Island, die man
gesehen haben muss**
ISBN 978-3-95451-829-6

Tarja Prüss, Juha Metso
**111 Orte in Helsinki, die
man gesehen haben muss**
ISBN 978-3-7408-0342-1

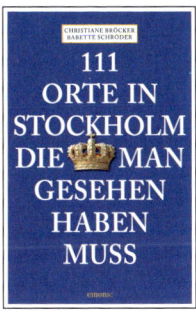

Christiane Bröcker,
Babette Schröder
**111 Orte in Stockholm, die
man gesehen haben muss**
ISBN 978-3-95451-203-4

Jan Gralle, Vibe Skytte,
Kurt Rodahl Hoppe
**111 Orte in Kopenhagen, die
man gesehen haben muss**
ISBN 978-3-7408-0243-1

Lucia Jay von Seldeneck,
Verena Eidel, Carolin Huder
**111 Orte in Berlin, die man
gesehen haben muss**
ISBN 978-3-89705-853-8

Lucia Jay von Seldeneck,
Verena Eidel, Carolin Huder
**111 Orte in Berlin, die man
gesehen haben muss, Band 2**
ISBN 978-3-95451-207-2

Rike Wolf
**111 Orte in Hamburg, die
man gesehen haben muss**
ISBN 978-3-89705-916-0

Kay Walter, Rüdiger Liedtke
**111 Orte in Brüssel, die
man gesehen haben muss**
ISBN 978-3-7408-0128-1

Thomas Fuchs
**111 Orte in Amsterdam, die
man gesehen haben muss**
ISBN 978-3-95451-209-6

Joscha Remus
**111 Orte in Luxemburg (Stadt),
die man gesehen haben muss**
ISBN 978-3-7408-0363-6

Cornelia Lohs
**111 Orte in Bern, die man
gesehen haben muss**
ISBN 978-3-95451-669-8

Sybil Canac, Renée Grimaud,
Katia Thomas
**111 Orte in Paris, die man
gesehen haben muss**
ISBN 978-3-95451-847-0

Annett Klingner
**111 Orte in Rom, die man
gesehen haben muss**
ISBN 978-3-95451-219-5

Karl Haimel, Peter Eickhoff
**111 Orte in Wien, die man
gesehen haben muss**
ISBN 978-3-89705-969-6

Kathleen Becker
**111 Orte in Lissabon, die
man gesehen haben muss**
ISBN 978-3-7408-0244-8

Dirk Engelhardt
111 Orte in Barcelona, die man gesehen haben muss
ISBN 978-3-95451-066-5

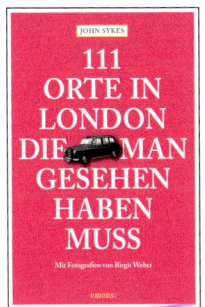

John Sykes, Birgit Weber
111 Orte in London, die man gesehen haben muss
ISBN 978-3-95451-117-4

Frank McNally, Róisín McNally
111 Orte in Dublin, die man gesehen haben muss
ISBN 978-3-95451-853-1

Jo-Anne Elikann
111 Orte in New York, die man gesehen haben muss
ISBN 978-3-95451-512-7

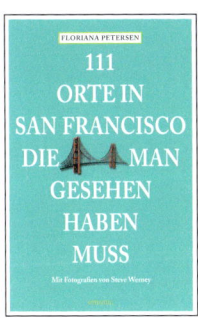

Floriana Petersen
111 Orte in San Francisco, die man gesehen haben muss
ISBN 978-3-95451-750-3

Amy Bizzarri, Susie Inverso
111 Orte in Chicago, die man gesehen haben muss
ISBN 978-3-7408-0355-1

Franziska Lô
111 Orte in Costa Rica, die man gesehen haben muss
ISBN 978-3-7408-0245-5

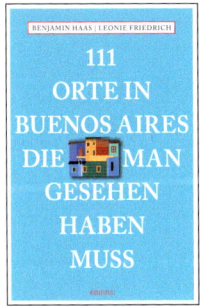

Benjamin Haas,
Leonie Friedrich
111 Orte in Buenos Aires, die man gesehen haben muss
ISBN 978-3-95451-835-7

Beate C. Kirchner,
Jorge Vasconcellos
111 Orte in Rio de Janeiro, die man gesehen haben muss
ISBN 978-3-95451-843-2

Danksagung

Für kompetenten Rat und manche Hilfe bei der Arbeit
an diesem Buch darf ich mich bei Ariel Levy, Ulrich Sahm,
Dr. Annemarie Fritz-Stratmann, Gisela Steinhauer und
Dr. Jan Kühne bedanken.

Der Autor

Bis 2016 war **Laszlo Trankovits** für die Deutsche Presse Agentur (dpa) 25 Jahre Auslands-
korrespondent, davon vier Jahre in Israel. Er ist
Autor mehrerer Sachbücher, darunter auch »111 Orte in Kapstadt,
die man gesehen haben muss«. laszlo.trankovits.de